Kôdô Sawaki

An Dich

Angkor Verlag

Weitere Titel von Kôdô Sawaki im Angkor Verlag:

Zen ist die größte Lüge aller Zeiten
Die Zen-Lehre des Landstreichers Kôdô
Tag für Tag ein guter Tag

Bibliografische Information der Deutschen Bibliothek:
Die Deutsche Bibliothek verzeichnet diese Publikation in der Deutschen Nationalbibliografie; detaillierte bibliografische Daten sind im Internet über http://dnb.ddb.de abrufbar.

An Dich./Sawaki, Kôdô. Aus dem Japanischen von Muhô. – Frankfurt: Angkor Verlag, 2011.

Überarbeitete Paperback-Ausgabe.

Die Originalausgabe *Zen ni kike* erschien 1986 im Verlag Daihorinkaku.

© *Zen ni kike*: Kushiya Shusoku, Daihorinkaku 1986; Fotos: Daihorinkaku
© dt. Ausgabe: Muho, Antaiji, und Angkor Verlag, Frankfurt 2011

Website: www.angkor-verlag.de
Kontakt: webmaster@angkor-verlag.de
Printed in Germany

ISBN: 978-3-936018-68-4

Inhalt

Vorwort (Uchiyama Kôshô) 5

1. An dich, den die Augen der anderen nervös machen 7
2. An dich, der glaubt, ganz im Trend zu liegen 13
3. An dich, völlig fertig vom Ehekrach 16
4. An dich, dem das Leben plötzlich sinnlos erscheint 19
5. An dich, dem es um Geld, Geld und Geld geht 24
6. An dich, der den Premierminister für etwas Besonderes hält 27
7. An dich, der die anderen in den Schatten stellen will 34
8. An dich, den man übers Ohr gehauen hat 37
9. An dich, der seinen Job hinschmeißen will 39
10. An dich, der du mit Zazen anfangen willst 42
11. An dich, der du dein Hara stärken willst 48
12. An dich, der sich fragt, was Zazen bringt 52
13. An dich, der spirituell etwas erreicht hat 57
14. An dich, der alles daran setzt, Satori zu bekommen 60
15. An dich, der du mit Satori hausieren gehst 65
16. An dich, so stolz auf Wissenschaft und Kultur 69
17. An dich, der mit den anderen nicht auskommt 72
18. An dich, der du keine Zeit hast 76
19. An dich, von der Karriereleiter gepurzelt 78
20. An dich, der gerne Gespenstergeschichten hört 80
21. An dich, dem Geld, Liebe und Status fehlen 83
22. An dich, der sich ein besseres Leben wünscht 87
23. An dich, der sagt, dass Bonzen Konjunktur haben 92
24. An dich, der die Bonzen um ihr Gewerbe beneidet 96
25. An dich, der sich mit Buddhismus fortbilden will 100
26. An dich, der du gerne Erbauliches hörst 103

27. An dich, der du nach deinem Selbst fragst *106*
28. An dich, der den Buddhismus für einen klugen Gedanken hält *110*
29. An dich, der du nur glaubst, dass du glaubst *114*
30. An dich, für den das Shôbôgenzô hartes Brot ist *117*
31. An dich, der meint, Buddhismus sei abgehoben *123*
32. An dich, der du, so wie du bist, bereits Buddha bist *128*
33. An dich, dessen Geist keine Ruhe finden will *132*
34. An dich, dem es um ein Leben aus Zen heraus geht *135*

An dich, unzufrieden mit deinem Zazen (Uchiyama Kôshô) *139*

Vorwort

Am 8. Dezember 1941, dem Tag des Ausbruchs des pazifischen Krieges, wurde ich von Sawaki Kôdô Rôshi zum Mönch ordiniert. Bis zu seinem Tod am 21. Dezember 1965, genau vierundzwanzig Jahre lang, war ich ihm zu Diensten. Sawaki Rôshi befand sich stets auf Reisen, doch ungefähr eine Woche verbrachte er jeden Monat bei uns Schülern in Antaiji, um für fünf oder später drei Tage ein Sesshin (intensive Zazen-Übungsperiode) mit uns zu praktizieren und den Dharma zu lehren. Während seiner Lehrreden machte ich mir als Anleitung für meine eigene Praxis Notizen von besonders prägnanten Ausdrücken des Dharmas. Als der *Daihôrinkaku*-Verlag mehr als zwanzig Jahre nach dem Tod meines Meisters eine Veröffentlichung der Notizbücher vorschlug, ließ mich mein eigenes Alter zögern. Glücklicherweise erklärte sich mein Schüler Kushiya Shûsoku bereit, die Neuanordnung und Herausgabe des Berges von Fragmenten auf sich zu nehmen. Dem Leser dieses Buches wird auffallen, wie sich Shûsokus jugendlicher Elan bei der Anordnung der Sprüche ausdrückt.

Ich bin mit dieser Form der Anordnung höchst zufrieden. Und zwar deshalb, weil jeder einzelne der hier gesammelten Aussprüche Sawaki Rôshis über eine faszinierende Kraft verfügt, die verloren ginge, wenn die Aussprüche einfach nur aneinandergereiht würden. Unter diesen Sprüchen ist nicht einer, der es verdient hätte, schnell durchgelesen und dann vergessen zu werden, denn jeder einzelne betrifft uns selbst. Nur wenn wir diese Sprüche in Ruhe kauen und verdauen, offenbart sich ihr tieferer Sinn. Die gegenwärtige Form des Buches erlaubt es, sowohl die Gesamtheit des Werkes zu überblicken, als auch einfach nur das Kapitel aufzuschlagen, das dem Leser zum gegenwärtigen Zeitpunkt persönlich am meisten zu sagen hat. Auf diese Weise wird der Leser dann allmählich auch Interesse an anderen Kapiteln gewinnen, so dass sich sein Verständnis der Lehre Sawaki Rôshis Schritt für Schritt ausweiten und vertiefen wird. Ich hoffe, durch die Niederschrift dieser Worte Ihnen ein Gefühl für die Wärme des lebendigen Leibes meines Meisters geben zu können, und dass diese Worte schließlich zum Fleisch und Blut Ihres eigenen Körpers werden. Weil Shûsoku als Teil seiner eigenen Praxis diese Aussprüche so frisch und modern angeordnet hat, sind Sie hier mit drei Generationen von Lehrern und Schülern des Dharma vereint. Sawaki Rôshi hätte sich sicher am meisten über dieses Ergebnis gefreut.

Uchiyama Kôshô

1. An dich, den die Augen der anderen nervös machen

Du kannst nicht einmal einen Furz mit deinem Nächsten austauschen. Jeder einzelne von uns muss sein eigenes Leben leben. Dabei brauchen wir uns keine Gedanken darüber zu machen, wer von uns der Fähigste ist.

Die Augen sagen nicht: „Unsere Stellung ist zwar niedriger, doch wir leisten mehr." Die Augenbrauen erwidern nicht: „Wir leisten zwar nichts, dafür ist unsere Stellung aber höher als eure."

Den Buddhadharma[1] zu leben bedeutet, spontan zu handeln. Der Berg denkt nicht, dass er hoch ist. Das Meer denkt nicht, dass es weit und tief ist. Alles entfaltet seine volle Aktivität spontan.

„Der Vogel singt und die Blume lacht ganz spontan, unabhängig von dem Menschen, der unten am Felsen in Zazen sitzt."

Der Vogel singt nicht, um den Menschen in Zazen[2] mit seinem Lied zu beeindrucken. Die Blume blüht nicht, um vom Menschen für ihre Schönheit bewundert zu werden. Und genauso sitzt auch ein Mensch nicht in Zazen, um „Satori"[3] zu bekommen. Jeder einzelne von uns verwirklicht sich einfach selbst, durch sich selbst, zu sich selbst.

Religion bedeutet, das eigene Selbst völlig frisch und neu zu leben, ohne sich von irgendjemandem an der Leine herumführen zu lassen.

Oi, was glotzt du in die Gegend!? Merkst du denn nicht: Es geht um dich!

---

[1] Das Wort „Dharma" trägt im Sanskrit die Bedeutungen „Lehre", Gesetz", „Pflicht", aber auch „Ding" oder „Phänomen". Im Zen wird es oft in der Kombination „Buddhadharma" gebraucht und bedeutet sowohl die absolute, transzendente Wahrheit als auch die konkrete Realität unseres täglichen Lebens.

[2] Zazen bedeutet wörtlich „Zen im Sitzen" oder „Sitz-Meditation". In der Tradition Dôgens wird dies als „einfaches Sitzen" verstanden.

[3] „Satori" ist ein Wort, auf das wir häufig in Büchern über Zen stoßen. Es wird als „Erleuchtung" oder „Erwachen" übersetzt, bei Dôgen jedoch auch als „Verwirklichung" oder „Erweis". Ein Punkt, um den es Sawaki immer wieder geht, ist, dass die Zazen-Praxis keine Erleuchtungserfahrung zum Ziel hat, sondern umgekehrt die Praxis selbst Manifestation von Satori ist. Wenn Sawaki abfällig von „Satori" im Sinne einer (oft bloß vorgestellten) Erleuchtungserfahrung spricht, ist der Begriff meist in Anführungszeichen gesetzt.

Das Arschloch braucht sich nicht dafür zu schämen, das Arschloch zu sein. Die Füße haben keinen Grund, in den Streik zu treten, nur weil sie bloß Füße sind. Der Kopf ist nicht der Allerwichtigste. Auch der Nabel braucht sich nicht einzubilden, der Vater aller Dinge zu sein.

Es ist komisch, dass die Leute den Premierminister für etwas Besonderes halten. Die Nase kann die Augen so wenig ersetzen, wie der Mund für die Ohren einstehen kann. Jeder hat seine eigene Identität, die unübertrefflich ist im ganzen Universum.

Alles Lebendige muss seine eigene, unübertreffliche Identität ausleben. Jeder kann nur das eigene Leben leben. Warum habt ihr das nur vergessen? In unserer Gesellschaft fehlt es an Vorbildern: Der gern bemühte „gesunde Menschenverstand", der als Gesellschaftsbewusstsein getarnte Klüngel und Filz – alles nur schlechte Beispiele.

Die Konfuzianisten sagten während der Tokugawa-Zeit (von 1600 bis 1868): „Der Shakyamuni war ein eingebildeter Kerl! Er redete von seiner Identität, die unübertrefflich sei im gesamten Kosmos."
    Das ist ein Missverständnis: Nicht nur Shakyamuni verfügte über eine Identität, die unübertrefflich im gesamten Kosmos ist. Jeder einzelne von uns verfügt über seine eigene unübertreffliche Identität. Unbemerkt folgt sie dir auf Schritt und Tritt, doch du klagst lieber über dein Schicksal! Diese unübertreffliche Identität in dir selbst zum Vorschein zu bringen – das bedeutet es, den Buddhaweg zu praktizieren.

Hör auf zu heulen! Kleinmütig klagst du, was für ein armes Schwein du seist, während es die anderen so viel besser haben als du. Und kaum geht es dir selbst ein bisschen besser, schlägst du schon wieder über die Stränge.

Ein religiöses Leben zu führen bedeutet, genau über sich selbst zu reflektieren und sich auf Grund dieser Reflektion selbst zu zensieren.

Manche machen ein Gesicht, als ob das alles mit ihnen nicht das Geringste zu tun hätte.

Wer nicht von oben auf sich selbst herabsehen kann, ist zum Glauben und zur Reue unfähig.

Es heißt jedes Mal, wenn die Rowdys Probleme machen, dass das „Milieu" daran schuld sei. Doch welches Milieu ist gut und welches ist schlecht? Ist es schlecht, in reichen Verhältnissen geboren zu werden? Ist es besser, arm geboren zu werden? Über das schlechteste Milieu verfügt einer, der allein als Mensch zur Welt kommt und trotzdem behauptet, er habe keine eigene Identität.

Du musst dich davor hüten, dich auf deine Eltern, deinen Familienstammbaum oder deine Herkunft zu berufen, so als ob dir das einen besonderen Wert verliehe. Du solltest auch nicht versuchen, dich mit deinem Geld, deiner Stellung oder deiner Kleidung zu schmücken. Lebe dich selbst, so wie du bist! Religion bedeutet, das eigene Leben nackt und ungespielt zu leben.

Alle Welt möchte sich mit Beziehungen und Besitztümern wichtigmachen. Das ist so, als versuchtest du, ein geschmackloses Gericht mit dem Teller zu würzen und hättest dabei die Speise ganz vergessen. Auf gleiche Weise hat die Welt den Menschen selbst aus den Augen verloren.

In der Religion gibt es keine kollektive Verantwortung: Es kommt nur auf dich selbst an.

Dem Normalbürger[4] vergeht die Lust auf alles, wenn ihm dabei keiner zuschaut. Wenn ihm dagegen jemand zuschaut, ist er selbst dazu bereit, ins brennende Feuer zu springen.

In der Welt werden Ehrenurkunden verliehen, doch was steckt schon dahinter?
Urkunden führen zu Scheinheiligkeit, die behauptet: „Ich will mich ja nicht selbst rühmen, aber ..."

---

[4] „Normalbürger" (jap. *Bonpu*) ist ein zentraler Begriff bei Sawaki, der auch als „gewöhnlicher Mensch" oder „Mensch, der in der Illusion steckt" übersetzt werden kann. Wenn Sawaki vom „Menschen" spricht, dann meist nicht im humanistischen Sinn als dem „Maß aller Dinge", sondern als einem Wesen, das „mit einem klugen Gesicht ratlos im Dunklen tappt". Jeder von uns ist nur ein Normalbürger, aber wir dürfen keine Entschuldigung aus unserem Normalbürgertum machen.

Die Menschen sollten Schluss machen mit dem Wetteifern um Sieg oder Niederlage.
Ich bin ich. Kein Vergleich möglich.

Es fängt bereits in der Schule an: Prüfungen halten, Punkte verteilen, den Menschen nach seinen Leistungen beurteilen und nummerieren – was für ein Blödsinn! Was bedeuten Worte wie „wichtig" und „unwichtig" überhaupt? Ist es „wichtig", ein gutes Gedächtnis zu haben? Ist einer, der ein schlechteres Gedächtnis hat, deswegen ein schlechterer Mensch? Gibt es denn nicht viele Idioten mit einem guten Gedächtnis?
Diejenigen, die die schlechtesten Noten bekommen, sagen: „Scheiß drauf!" – und fühlen sich als Opfer. Sie bemerken nicht, dass sie sich damit noch einmal selbst bescheißen.

Freue dich nicht über die Punkte, die andere dir geben. Steh für dich selbst ein. Warum freust oder ärgerst du dich über die Meinung der anderen, wenn du dich in Wirklichkeit nicht einmal selbst verstehst?

Ich habe noch niemals jemanden gelobt. Denn alle kennen ihre Schokoladenseite selbst ganz genau. Sogar noch besser, als sie eigentlich ist.

Die Kinder haben eine Maus gefangen: Jetzt zappelt sie in der Falle. Sie haben ihren Spaß daran, wie die Maus sich die Nase blutig reibt und den Schwanz zerreißt. Am Ende werfen sie sie der Katze zum Fraß vor. Steckte ich an der Stelle der Maus in der Falle, würde ich sagen: „Ihr verdammten Menschen werdet keinen Spaß an mir haben!" – und säße einfach in Zazen.

Buddha zu sein bedeutet, nicht in die Gegend zu gucken. Wenn du damit aufhörst, überall herumzugaffen, kannst du endlich auch deine Mahlzeiten in Ruhe essen.

Es gibt keinen Grund, nach links oder rechts zu schielen. Doch genau das haben die Menschen sich schon vor unendlich langer Zeit angewöhnt.

Den Buddhaweg zu praktizieren bedeutet, nicht in die Gegend zu gucken. Es bedeutet, eins mit der gegenwärtigen Aktivität zu sein. Das heißt: Samadhi[5]. Wir essen nicht, um zu scheißen. Wir scheißen nicht, um Dünger zu produzieren. Doch heutzutage scheinen alle zu glauben, dass man in die Schule geht, um sich auf die Uni vorzubereiten, und an die Uni geht, um einen Beruf zu bekommen.

Bodhi-Geist (wachen, erleuchteten Geist) zu erwecken bedeutet damit aufzuhören, in die Gegend zu gucken.
„Soll ich als Mönch leben? Oder soll ich das Mönchsleben doch lieber aufgeben?" – Bodhi-Geist erweckst du, wenn du mit diesem Herumgaffen endlich aufhörst und dich entschließt, „die schwere Last des *Shôbôgenzô*[6] auf dich zu nehmen und an jedem Ort vollkommen Herr deiner selbst zu sein" (Zitat aus Daichi Zenjis *Hotsuganmon*).

Diesen Leib dem Buddhaweg widmen, ohne nach links oder rechts zu gucken – auf diese Weise „enthüllt sich das erhabene, große, wertvolle Leben" (*Eihei Kôroku*). Buddha ist einer, der nicht in die Gegend guckt.

Ihr „großen Leute" seit seltsam: Selbst um ein einziges Wort macht ihr großes Theater. Versucht doch einmal, einen Säugling zu beleidigen – es wird euch nicht gelingen. Denn nur ihr verfallt der Hypnose, dass ihr der Welt als selbständige Individuen gegenüber steht. Und so bringt ihr euch in Verlegenheit oder Zorn.
Geht schnurstracks weiter!

„Der eiserne Stier fürchtet das Brüllen des Löwen nicht."
Das ist klar, denn ihm fehlt die Schwachstelle der Lebewesen.
„Der Mann aus Holz ist wie der Vogel und die Blume."[7]
Genau, denn auch ihm fehlt jedes Bewusstsein von einem Ich.

---

[5] Mit diesem Begriff aus dem Sanskrit bezeichnet Sawaki den Prozess des Eins-Werdens, das Aufgehen in der Handlung des Moments. In manchen Meditationsrichtungen wird darunter eine Art von subjektivem Trance-Zustand verstanden, doch Sawaki widerspricht dieser Ansicht vehement.

[6] Wörtlich der „Augenspeicher des wahren Dharmas", auch Titel des Hauptwerks von Dôgen Zenji (1200–1253), auf das Sawaki immer wieder zurückkommen wird.

[7] Beide Zitate stammen von dem chinesischen Laien Pang (740–808).

Menschen schalten schnell: Sie sehen einen Schatten, und schon ergreift sie die Furcht. Sie sehen ein Gespenst und ergreifen die Flucht.

Du machst ein großes Gezeter um die „Realität" – dabei ist es genau diese „Realität", die dich an der Leine herumführt.

Es gibt Typen, die finden ihr ganzes Leben lang nicht zu ihrem eigenen Lebensweg.

Hör auf damit, dich im Dunklen voranzutasten. Gehe dort, wo du frei ausschreiten kannst. *„Gehe nicht bei Nacht. Gehe in der Helligkeit."* (*Keitoku Dentôroku*, 15. Kapitel) Dieses Kôan drückt die Essenz von Religion aus.

Wohin du auch blickst, es gibt nur dich selbst. Es gibt nichts, das du nicht bist. „Hilf mir aus meiner Faulheit! Nimm mir die Schmerzen ab!" – So funktioniert das nicht.

Samadhi heißt, du selbst und nur du selbst zu sein. So verwirklichst du deine eigene Natur, die einen reinen und klaren Geist[8] bedeutet. Nur in Zazen kannst du du selbst und nur du selbst sein. Denn außerhalb von Zazen versuchst du ständig, besser als die anderen zu sein oder mehr Spaß als die anderen zu haben.

Jeder einzelne von uns wird mit der Welt geboren und stirbt mit der Welt. Denn jeder lebt in seiner eigenen Welt.

---

[8] Sanskrit *Prakrti-prabhasvara-citta,* wird im Mahayana-Buddhismus gleichbedeutend mit Bodhicitta, dem erwachten Geist (oder Bodhi-Geist) verwendet.

2. An dich, der glaubt, ganz im Trend zu liegen

Ständig hängst du dich an die anderen an. Isst einer Pommes, willst du auch deine Pommes. Lutscht einer einen Lolli, willst du auch einen Lolli. Bläst einer auf einer Pimmelflöte, schreist du: „Mama, kauf mir auch eine Pimmelflöte!" Und das gilt nicht nur für Kinder.

Wenn es Frühling wird, lässt du dir vom Frühling den Kopf verdrehen. Wenn es Herbst wird, lässt du dir vom Herbst den Kopf verdrehen. Alle warten nur darauf, dass man ihnen den Kopf verdreht. Und werben damit, wie vielen sie selbst schon den Kopf verdreht haben.

Die Menschen lieben den Gefühlstumult. Sieh dir nur die Filmplakate an: Ein einziger Gefühlstumult auf den Gesichtern. Buddhadharma bedeutet, sich nicht diesem Tumult preiszugeben. Die Welt veranstaltet ein riesiges Theater um nichts.

Es ist Natur des Normalbürgers, dass er nichts außer dem Gruppenwahn wahrnehmen will.

Von Helden umgeben selbst einen Helden zu spielen, ist nicht sehr heldenhaft. Der Dieb sagt zu seinem Sohn: „Mit deiner verdammten Ehrlichkeit wird aus dir nie ein anständiger Dieb. Du bist eine Schande für das Diebeswesen!"

In der Gesellschaft von Unehrlichen wird der Ehrliche zum Narren gehalten.

Dôgen Zenji[9] sagt: „Wenn du einen Weisen siehst, versuche es ihm gleichzutun."
    Heutzutage blicken die Japaner zu den amerikanischen Schafsköpfen auf, versuchen es ihnen gleichzutun, und laufen Hand in Hand auf der Straße.

---

[9] Dôgen lebte von 1200 bis 1253. Bereits als 13-Jähriger zum Mönch ordiniert, reiste er im Jahr 1223 nach China in der Hoffnung, dass seine Zweifel an der buddhistischen Praxis dort gelöst würden. 1227 erhielt er von seinem chinesischen Meister Tendô Nyojô die offizielle Bestätigung der Übertragung des Dharmas und kehrte nach Japan zurück, wo er die Schule des Sôtô-Zen gründete.

Wenn sich Gruppen bilden, wird die Wahrnehmung betäubt, und man vergisst, was gut und was schlecht ist. Es geht mir keineswegs darum, mich von der Welt zurückziehen oder der Realität davonzulaufen. Ich weigere mich lediglich, mich narkotisieren zu lassen. Seit alters her heißt es darum, du solltest nach deiner Berufung in Wäldern und Bergen suchen. Diese „Wälder und Berge" stehen hier für die ungefärbte, transparente Welt.

Lass dich von der Aufregung um dich herum nicht selbst aufregen. Lass dich nicht von deiner Umgebung besoffen machen: Das ist Weisheit. Lass dich von keiner Philosophie und keiner Genossenschaft vereinnahmen. Gib dich nicht mit Deppen wie den Menschen ab!

Der Mensch macht ein kluges Gesicht und nennt sich Herr auf Erden. Dabei weiß er nicht einmal, was er mit dem eigenen Körper anfangen soll: Er schaut beim Sport nur zu und redet sich damit heraus, dass alle anderen das auch tun.

Du lebst im Gruppenwahn. Und verwechselst dabei den Wahn mit echter Erfahrung. Du musst dir selbst durchsichtig werden und aus deinem Wahn aufwachen. Zazen bedeutet, dich von der Gruppe zu verabschieden und auf eigenen Beinen zu stehen.

Ein Mensch für sich allein ist noch erträglich, doch wenn die Menschen Cliquen bilden, fangen sie an, zu verblöden. Sie verfallen dem Gruppenwahn. Sie sind so sehr darauf aus, in Gruppen zu verblöden, dass sie dafür extra Vereine gründen und Mitgliedsbeiträge bezahlen. Zazen bedeutet, sich vom Gruppenwahn zu verabschieden.

Das Beste ist, einfach in Zazen zu sitzen. Was auch immer du sonst tust, meist wirst du nur vom Teufel dazu verführt.

Massenpsychologie ist eine seltsame Sache: Wenn du keine Ahnung hast, worum es geht, solltest du einfach ruhig sein. Stattdessen hängst du dich an die anderen, die genauso wenig Ahnung haben. Die Welt ist ein Treiben von Menschen, die sich selbst aus den Augen verloren haben.

Du tust alles, wofür die Leute dich loben. Du läufst denen nach, die gelobt werden. Nie bist du du selbst. Die Leute loben mich? Wie langweilig!

„Finsternis" bedeutet, keine Ahnung von nichts zu haben. Wenn du wenigstens verstündest, dass du nichts verstehst – doch selbst das willst du nicht verstehen! Und auch darin folgst du dem Gruppenwahn ... Wer könnte dir da noch helfen?

Alles redet vom gesunden Menschenverstand, doch was ist damit gemeint? Heißt das nicht bloß, so zu denken wie alle anderen auch? So zu denken, wie es der Gruppenwahn diktiert?

Alles, was Rang und Namen hat. Mit anderen Worten: Das, wofür sich die Normalbürger begeistern.

Die Leute gründen Vereine und zählen die Mitglieder. Jeder Verein wird vom Gruppenwahn beherrscht. Die Geldgier ist eine Form von Gruppenwahn, das Bedürfnis, sich wichtig zu tun, eine andere. Am deutlichsten erscheint der Gruppenwahn dort, wo sich Fraktionen bilden. Zazen bedeutet, aus dem Wahn auszubrechen und zu sich selbst und nur sich selbst zu werden.

Wahlen sind ein komisches Ding. Du brauchst dir nur die Gesichter anzugucken von denen, die da zur Wahl marschieren: Keiner davon versteht wirklich etwas von Politik oder den Politikern. Und trotzdem marschiert alles zur Wahl. Es ist schon seltsam ...

Ein „Mönch im Laiengewand" bezeichnet einen Menschen der Welt, der mit dem Gruppenwahn Schluss gemacht hat.

Buddhismus ist eine Religion, die den Blutandrang zum Kopf senkt. Die Menschen der Welt sind aus dem Häuschen: Gleich, ob sie sich mit Leckereien den Ranzen vollschlagen oder einen leeren Bauch haben, ob sie eine Frau oder einen Mann sehen – sie sind außer sich, und das Blut schießt zu Kopf. Der Buddhismus senkt diesen Blutandrang. Buddhismus ist, wenn das Blut auf natürliche Weise zirkuliert.

3. An dich, völlig fertig vom Ehekrach

Während des Ehekrachs merkst du nicht, dass sich der Streit um nichts dreht. Doch in Zazen erkennst du deine Illusion. Es ist wichtig, das Leben aus Zazen heraus zu betrachten.

Die Gleichberechtigung von Mann und Frau ist nur während des Ehekrachs ein Thema. Wenn sich Mann und Frau gut vertragen, ist keine Rede von Gleichberechtigung.

Was auch immer du denkst: Die Gedanken, die dir jetzt durch den Kopf gehen, werden da nicht für Jahrtausende bleiben.

Die Frage ist nicht, wer von euch Recht hat. Ihr seht die Dinge anders, das ist alles.

„Wer zimmert dein Folterrad so fleißig? Du setzt dich rein, du drehst es eifrig!"
Warum guckt nur keiner über den eigenen Tellerrand?

Das Handeln ein und desselben Menschen kann Menschenleben retten und gleichzeitig Zorn erregen. Es ist dieselbe Sonne, die am Silvesterabend unter und am Neujahrsmorgen aufgeht.
„Wenn du die Augen öffnest und den Dharmaleib erkennst, dann siehst du, dass kein Ding wirklich existiert." (Shôdôka) Auch ein Nichtsnutz erkennt die All-Einheit, wenn er zu seiner wahren Natur erwacht.

Hör auf zu sein, während du so bleibst, wie du bist: Stell das Schießen ein. Sitz einfach!

Es beginnt damit, dass du „ich" sagst: Alles danach ist Illusion.

Alle glauben, ihr „Ich" sei unveränderlich. Kurz: Der unbewegliche Mittelpunkt, um den sich alles dreht. Einer sagte: „Seht nur, alles stirbt, bloß ich nicht!" Inzwischen ist er selbst längst tot.

Der Ursache folgt die Wirkung: Plötzlich streckt die Finsternis ihr Schlangenhaupt hervor.

Die Finsternis bedeutet, dass du nichts verstehst. Wenn du nichts verstehst, solltest du dich am besten ruhig verhalten, doch stattdessen tobst du wie ein Elefant im Porzellanladen. Das macht alles nur noch komplizierter.
„Mein Herz ist wie das Kartenglück, es wechselt jeden Augenblick!"
Die Frage ist nur, wie du mit diesem Herzen aufräumst.

Das Leben ist ein einziger Widerspruch: „Hast du gesehen, was der da angestellt hat?" Dabei hättest du es am liebsten selbst getan!

Das Leben ist nicht so einfach: Mal ist Krieg und der Himmel brennt, mal hältst du Mittagsschlaf am Ofen. Eine Nacht verbringst du mit Arbeit, die nächste mit Trinken. Die Frage, um die es dabei geht: Wie kannst du dieses Leben nach der Lehre Buddhas ausrichten?

Ihr liebt euch, aber wer weiß denn, wie lange? Es gab auch schon Paare, die liebten sich so, dass sie zusammen Selbstmord begingen, um im Tod für immer vereint zu sein. Eine Hälfte überlebte und verliebte sich kurz darauf von neuem. Die Menschen sind bemitleidenswert ...

Schönheit ist noch keine Garantie für ein glückliches Leben. Eine ist so beliebt bei den Männern, dass sie schon das dritte Kind hat, das seinen Vater nicht kennt.

Alles redet von Liebeshochzeiten, aber ist das nicht Gefühlsduselei? Geht es nicht nur um Penis und Vagina? Warum sagt keiner, dass er sich in eine Vagina verliebt hat?

Schau dir mal das Gesicht eines Köters an, der sich gerade gepaart hat. Mit leeren Augen blickt er in die Gegend. Genauso ist es auch beim Menschen: Erst macht er sich selbst verrückt, und am Ende war gar nichts dabei.

Ein Mann, der nichts versteht, heiratet eine Frau, die nichts versteht, und schon heißt es: „Herzlichen Glückwunsch!" Das kann ich nicht verstehen.

Die Familie ist der Ort, an dem Eltern und Kinder sich gegenseitig die Laune verderben, wo Mann und Frau gemeinsam verrotten.

Wenn das Kind nicht artig ist, wird geschimpft: „Du verstehst wirklich gar nichts!" Doch wie ist es mit den Eltern? Verstehen die denn mehr? Alles steckt in der Finsternis.

Die Rede ist von Erziehung, doch wozu sollen wir eigentlich erzogen werden?
  Zu Normalbürgern, das ist alles.
Die Kuh ist stolz auf ihren Nasenring. Den Packsattel der Wollust auf den Rücken geschnallt, lässt sie sich an der Nase herumführen und muht dazu. Seltsam, dass sich die Menschen mit Vergnügen das Gleiche gefallen lassen.

Die Menschen, denen in Freud und Leid, Ärger und Glück das Mundwerk nicht stehen bleiben will, ähneln Kötern, die das Kläffen nicht sein lassen können.

Wenn die Wellen von Freude und Ärger, Leid und Glück zur Ruhe gekommen sind, gibt es nichts Bestimmtes mehr, das wir tun müssen.

Egal, wo du hinblickst: Die Lebewesen unterscheiden sich herzlich wenig.

Lustiger noch, als sich die Affen im Zoo anzugucken, ist es, die freilaufenden Menschen zu betrachten.

4. An dich, dem das Leben plötzlich sinnlos erscheint

Als Mensch geboren machst du dir dein Lebtag nichts als Sorgen – welch eine Schande! Du musst an den Punkt kommen, an dem du dich nur noch freust, als Mensch in dieser Welt zu leben.

Geburt, Alter, Krankheit, Tod – um diese endgültige Tatsache kannst du dich nicht herumdrücken.

Realität: Dein Ziel muss sein, sie wirklich in den Griff zu bekommen. Wir dürfen nicht bei Vorstellungen von Realität stehen bleiben.

Seltsam, kein Mensch in der Welt scheint ernsthaft über das Leben nachzudenken. Seit ewiger Zeit trägst du etwas Unausgekochtes mit dir herum. Du beruhigst dich damit, dass es den anderen genauso geht: Das nenne ich den „Gruppenwahn". Du glaubst, du müsstest nur so sein, wie die anderen auch sind. Satori bedeutet, dein Leben selbst in die Hand zu nehmen. Deshalb musst du aus dem Gruppenwahn aufwachen.

An manchen Orten der Mandschurei werden die Wagen von großen Hunden gezogen. Der Kutscher lässt dem Hund mit einer Angelschnur ein Stück Fleisch vor der Nase baumeln, und der Hund rennt und rennt in dem Versuch, sich das Fleisch zu schnappen, doch kommt er nicht dran. Erst am Ziel bekommt der Hund das Fleisch vorgeworfen: Mit einem Biss schlingt er es herunter. Genauso geht es dem Menschen: Bis zum 27. oder 28. des Monats rennt er der Lohntüte nach, die man ihm vor die Nase hält. Wird ihm sein Lohn ausgezahlt, verschluckt er ihn mit einem Bissen. Und rennt schon dem nächsten Zahltag nach ...

Keiner blickt über den Tellerrand seines Lebens. Alles glaubt, dass das irgendwie einen Sinn hat, dabei ist es genauso wie bei den Schwalben: Die Männchen sammeln Futter, die Weibchen brüten die Eier aus.

Die meisten Menschen haben keine exakte Lebenseinstellung. Sie behelfen sich nur mit provisorischen Anschauungen, so wie sie eine Salbe auf die verkrampfte Schulter schmieren.

Die Frage ist: Worüber grübelst du eigentlich so angestrengt nach?

Warte nicht dein gesamtes Leben darauf, dass einer deine Normalbürger-Hoffnungen erfüllt!

Die Welt sagt: Ich will dies tun, ich will das tun ... Doch wenn du es dann wirklich tust, ist nichts dabei.

Du liest die Lebensberatungsecke in der Zeitung: „Wenden Sie sich mit Ihren Sorgen an uns!" Pass auf, sonst landest du da am Ende noch selbst.

Wie du es auch wendest, in der Welt dreht sich alles ums Ficken und Fressen.

Die Küken haben einen Regenwurm gefunden: Jetzt reißen sie sich darum. Genauso läuft es auch bei den Menschen.

So wie Schneelawinen, die auf ihrem Weg ins Tal größer und größer werden, verstricken sich die leidenden Wesen in den sechs Welten[10] von Tag zu Tag tiefer in ihre Illusion. Zazen bedeutet, damit Schluss zu machen.

Die Menschen wollen immer zuerst wissen, wozu etwas gut ist. Und wozu ist *das* gut? Zu nichts!

Der Streit zwischen dem Kater und dem Gaul, worin das Glück besteht, soll kein Ende gefunden haben. Vertrau auch den Wahrsagern nicht: Wie du dein Leben zu leben hast, kann keiner für dich entscheiden!

Manchen soll ihr Geld zum Fallstrick geworden sein. Wie sind die nur damit umgegangen?

---

[10] Im Buddhismus gibt es die Lehre von den sechs Welten: Höllenbewohner, hungrige Geister, Tiere, kämpfende Dämonen, Menschen und Himmelswesen. Dies kann entweder als eine Beschreibung unserer alltäglichen Psychologie verstanden werden oder aber als eine metaphysische Theorie, bei der es um verschiedene Existenzweisen im Kreislauf von Geburt und Tod geht.

Die Befriedigung, nach der alle suchen, wird von der Unzufriedenheit abgelöst. Das Glück, von dem die Welt spricht, wird dem Unglück weichen.

Illusion bedeutet, keine Orientierung im Leben zu haben. Die Orientierungslosen sammeln sich in Gruppen, und wieder prügeln sich die Rowdys. Kein Wunder, dass grundlose Kriege vom Zaun gebrochen werden.

Der Mensch macht ein kluges Gesicht – während er im Dunkeln herumtastet.

Wenn du dich an die verkehrte Welt gewöhnst, erscheint sie dir auf einmal ganz normal. Und obwohl es eigentlich klar ist, dass das Überleben in dieser verkehrten Welt anstrengender ist als Zazen, kommt es dir so vor, als ob Zazen härter als das Leben selbst sei.

Du hast dich an das Leben gewöhnt: Nur deshalb nennst du es „normal".

Dieser Körper ist wie ein Pickel.

Auch Bettler lachen. Auch Millionäre weinen. Warum also die ganze Aufregung?

Alle Dinge sind für etwas gut – das macht sie zu illusionärem Schaum. Selbst was uns furchtbar wichtig vorkommt, ist nur eine Halluzination. Nur das, was gut für nichts ist, ist keine Fabrikation: Denn es gibt dabei nichts zu gewinnen.
    Alle Dinge sind relativ. Selbst die allerwichtigste Sache ist nur relativ. Das, was über all das hinausgeht, ist das Absolute.

Als Mensch das Licht dieser Welt zu erblicken, ist keineswegs eine geringe Sache. Wie dumm wäre es da, sich zu beklagen, kein Geld zu haben. Oder ganz aus dem Häuschen zu sein, weil du dich frisch verliebt hast, und dann wieder ganz zerknirscht, weil sie mit dir Schluss gemacht hat. Nur um am Ende eine Neurose zu entwickeln und in der Anstalt zu landen. Da du nun einmal als Mensch zur Welt gekommen bist, solltest du auch ein wirklich lebenswertes Menschenleben führen.

Der Buddhismus lehrt: „Was für ein Glück, als Mensch geboren worden zu sein!"

Samadhi bedeutet, die Frage „Wie leben?" stets in sich zu tragen.

Du glaubst, Zufriedenheit bedeute, nur auf dem Sofa zu faulenzen oder im Thermalbad herumzudösen? Nein: Zufriedenheit ist durchdrungen von freudiger Energie, Gelassenheit und Glück. Erst wenn du an das Ende deiner Suche gelangst, wirst du an diesem Ort von wirklicher Gelassenheit, Freude und Glück durchdrungen sein."

Normalbürger werden von ihren Trieben in den sechs Welten herumgewirbelt. Für sie gibt es nur Liebe oder Hass, Gutes oder Schlechtes, Sieg oder Niederlage, Profit oder Pleite. Irgendwann erkennst du, dass letztendlich alles gut für nichts ist, und so gelangst du zum Zazen: „Einfach tun, was gut für nichts ist!"

Man nennt uns „Normalbürger", weil wir im Dunklen herumtappen, von etwas Verworrenem hinters Licht geführt. Was ist dieses Verworrene? Es hat keine Substanz. Sich im Verworrenen zu verstricken bedeutet deshalb so viel wie: mit den Wolken Seilziehen zu spielen. Sieg und Niederlage sind nichts Endgültiges, trotzdem weinen wir vor Freude, wenn wir gewinnen, und vor Schmerz, wenn wir verlieren – wie dumm! Die Substanzlosigkeit, die jenseits von Sieg und Niederlage liegt, ist die wahre Gestalt aller Dinge. Ein Buddha (jap. *Hotoke*) ist einer, der das Verworrene entzwirnt (*Hodoku*).

Ein Mensch, der auf den Grund der Dinge blickt, lässt sich nicht von Fabrikationen und Karma in die Irre führen. Menschen, die den Grund der Dinge nicht verstehen, sind ständig auf der Suche nach Zerstreuung: Mal verlieben sie sich, mal besaufen sie sich, mal widmen sie sich ihrer Lektüre, mal treiben sie ihren Sport. Doch alles nur halbherzig, um sich irgendwie selbst an der Nase herumzuführen. Sie leben ein abgehobenes Leben, schwankenden Schrittes gehen sie auf Ab- und Irrwegen.

Die Nationen der Welt wissen weder ein noch aus vor Langeweile, deshalb heißt es dann: „Augen links! Augen rechts! Im Gleichschritt marsch!" Und wieder streiten die Kinder um ihr Spielzeug.

Das ganze Leben über schnaufst du erschöpft. Dabei weißt du nicht einmal, wofür du dich so anstrengst. Du glaubst, du hättest ein Ziel?

Nur das Grab wartet auf dich!

Gelassenheit findest du nur, wenn du auf den Grund der Dinge blickst. Wenn du die Dinge verstehst, siehst du das Universum mit *einem* Blick, die Naht zwischen dir und dem Universum verschwindet.

Du wurdest geboren, ohne zu denken.

Wir wurden einfach geboren, und wir werden einfach nur sterben. Doch du fragst nach dem Sinn des Lebens. Du fragst, was dir Zazen bringt. Hättest du denn ein Recht, dich zu beschweren, wenn du letztes Jahr gestorben wärst? Ist es nicht von vornherein klar, dass das Leben nichts bringt? Du musst dich dem Kommen und Gehen des Lebens überlassen, und alles ist gut. Doch das willst du nicht, und so wird das Leben zum Problem für dich.

So wie der Insektologe die Insekten im Glaskasten dabei beobachtet, wie sie ihr Futter oder sich gegenseitig fressen, wie sie sich paaren und vor sich hinzirpen, so werden auch wir bei allem, was wir tun, von der Realität selbst aufs Korn genommen.

5. An dich, dem es um Geld, Geld und Geld geht

Der Wertmaßstab des Menschen: Du gibst ihm Geld, und er fängt an zu springen.

Der Mensch ist ein Einfaltspinsel: Alles was er will, ist Geld, Gesundheit, eine Karriere und schöne Mädchen.

Du glaubst, es sei etwas Besonderes, sich Luxus zu gönnen? Ich kann nicht verstehen, warum alle Welt die Reichen beneidet.

Ich mache mich über die Reichen lustig, die mit ihrem Geld angeben. Deshalb geben sie mir auch nichts davon ab.

Früher wurde viel Wirbel um „glückverheißende Himmelsrichtungen" gemacht. Doch heute wissen wir, dass sich die Erde um die Sonne dreht, und wir lassen Satelliten um die Erde kreisen. Da fragt keiner mehr nach „glückverheißenden Himmelsrichtungen".

„In der Irre war die Welt eine sichere Burg, im Erwachen erkennst du Leere in jeder Richtung. Ursprünglich gibt es weder Ost noch West – wo könnten Süden und Norden liegen?"[11]

Es gibt keine „guten" oder „schlechten" Richtungen. Doch wenn es um Reich und Arm geht, sieht es plötzlich anders aus: Da glauben wir nach wie vor, dass es besser sei, reich als arm zu sein. Doch wissen wir denn wirklich, was besser ist? Die Reichen haben ebenfalls Sorgen. Ohne Geld kannst du auch leben. Oder bist du mit einer Aussteuer auf die Welt gekommen?

Glück und Unglück hängt nicht nur vom Geld ab. Wenn die Summe in deinem Sparbuch ein Maß deines Glücks darstellte, wäre die Sache einfach. Doch so einfach ist es nicht.

Ohne Geld steckst du in Schwierigkeiten. Trotzdem solltest du wissen, dass es wichtigere Dinge als Geld gibt. Ständig denkst du an Sex. Doch du solltest auch wissen, dass es Wichtigeres als Sex gibt.

---

[11] Diese Zeilen von Mujaku Dôchû (1653-1744) zieren heute neben den Bambushüten buddhistischer Pilgerer auch die Urnen vieler Japaner.

Wer ohne Geld nicht leben kann, ist ein Nichtsnutz. Kennst du die Welt nicht, in der man auch ohne Ersparnisse ein prächtiges Leben führen kann?

Selbst Universitätsprofessoren geht es nur um ihre Brötchen.

Ein Schlappschwanz, wer von Position und Monatsgehalt lebt!

„Arbeite, arbeite! Wer arbeitet, bekommt Geld. Wer Geld hat, hat zu essen und kann es sich gut gehen lassen!" Verglichen mit solchen Plattheiten hat selbst der Marxismus noch Niveau.

Die Menschen sind infantil. Nicht nur, weil sie sich in Spielhöllen herumtreiben. Mit noch viel größeren Einsätzen spielen sie anderswo um Sieg oder Niederlage, Schlachten und Geschlachtet-Werden.

Deine Vorlieben sind bekannt: Sex und Schlemmerei und dazu eine Karriere, bei der du dich nicht anstrengen musst. Dem nachzujagen, was du magst, und dem davonzulaufen, was du nicht magst, bedeutet nichts anderes als in der vergänglichen Welt herumzutreiben. Auch eine Ratte fängt an zu laufen, wenn man ihr einen Stromstoß versetzt.

Es gibt Leute, die sich „Genießer" nennen und dabei keine größere Freude kennen, als gut zu essen.

Reiche sind dumm. Wer sich auf sein Geld verlässt, verdummt automatisch.

Früher bekamen wir in der Schule gesagt, wir sollten später viel Geld verdienen. Was uns leider keiner gesagt hat ist, dass Geld dumm macht.

Reiche sind reich, denn Geld ist ihnen wichtig: Deshalb werden sie dir auch nichts davon geben!

Manche kommen sich wichtig vor, weil sie Geld haben. Andere kommen sich wichtig vor, weil sie „Satori" haben. Doch je mehr du den Fleischsack aufbläfst, der dir ganz persönlich gehört, desto ähnlicher wirst du dem Teufel. Das Universum gehört dir nicht persönlich. Der Buddhadharma beginnt an dem Punkt, an dem deine persönlichen Gedanken ein Ende nehmen.

In der Welt geht es stets um Gewinn oder Verlust, Plus oder Minus. Doch im Zazen geht es um nichts. Es bringt nichts! Deshalb ist es die größte und umfassendste Sache, die es gibt.
   „Die Blüten, die den Himmel meines Herzens schmücken – sie gehören den Buddhas in den drei Welten." (Dôgen Zenji)

6. An dich, der den Premierminister für etwas Besonderes hält

Alexander der Große, Julius Cäsar und Dschingis Khan waren grandiose Banditen. Stalin oder Hitler stellten selbst Meisterganoven wie Ishikawa Goemon oder Tenichibô in den Schatten. Sie warfen sich groß in Pose, doch letztlich ging es ihnen nur darum, wie weit sie mit ihrer Tollkühnheit kommen konnten. Das gleiche gilt für den Gauner Kunisada Chûji[12]. Seltsam, dass diese Räuberhauptmänner für famose Kerle gehalten werden – von uns Kleinverbrechern. Zazen bringt uns darüber hinaus: Wenn wir Zazen durchdringen, hören wir auf, Diebe zu sein.

Du nennst dich „wichtig". Die Frage ist: Wichtig für wen?

Zu jeder Zeit ließ sich das Volk von den Herrschenden an der Nase herumführen.

Wir präsentieren unsere Verschrobenheiten so, als seien sie unsere wahre Natur.

Ist es nicht klar, dass du zum Dieb wirst, wenn du klaust? Heute scheint man zu glauben, dass du nicht schuldig bist, solange du nicht von der Polizei geschnappt, vom Inspektor überführt und vom Richter verurteilt in der Zelle sitzt. Auch der korrupteste Politiker hält sich für einen tüchtigen Kerl, solange er alle Beweise tilgen kann. Das zeigt, wie weit uns unser Gruppenwahn bereits gebracht hat.

Selbst wenn der chinesische Thronprinz von treuen Gefolgsleuten beraten wurde, besaß er oft genug „Weisheit", um sie an der Leine herumzuführen. Doch diese Art von Weisheit hat mit der Weisheit des Buddhadharma nichts zu tun.

Ishikawa Goemon war nicht der einzige Dieb. Wenn einer nur aus Laune heraus klaut, ist er trotzdem ein ganzer Dieb. Ebenso war Shakyamuni nicht der einzige Buddha. Wenn du dem Buddha das Zazen abguckst, bist du selbst ein ganzer Buddha.

---

[12] Ishikawa Goemon, Tenichibô und Kunisada Chûji sind die Namen von drei Meisterdieben, die in die japanische Geschichte eingingen.

Wir entwickeln eigenartige Gewohnheiten: Die Mächtigen und ebenso die Lehrer und Intellektuellen, die im Dienst der Macht stehen, versuchen mit allen Mitteln, uns diese Eigenartigkeiten anzuerziehen. Sie verwirren und verknoten uns auf die komplizierteste Weise. Religion muss diesen Knoten auflösen. Das bedeutet: Rückkehr zur Leere.

Die Herrschaften, die sich auf ihre politische Macht berufen – sind sie mehr als ein Haufen Möchtegern-Bosse?

Zum Kotzen: Die Leute versuchen, noch mit den kleinkariertesten Maßstäben zu beeindrucken.

Was vom System errichtet wird, wird auch vom System wieder zerstört. Was von der Politik bewirkt wird, wird von der Politik auch wirkungslos gemacht.

Alle Welt versucht, nur die Symptome zu übertünchen – mit Schmiersalbe!

Als Kind sagte man mir, dass ich den hochwürdigen Herrschaften nicht in die Augen gucken solle: „Sonst wirst du blind!" Voller Angst schloss ich den Fensterladen. Heute lasse ich mich von niemandem mehr beeindrucken.

Einer saß vor dem Krieg im Gefängnis. Ein anderer saß während des Krieges im Gefängnis. Und wieder ein anderer sitzt jetzt im Gefängnis.

Ein Polizist muss sein Leben für die Diensterfüllung geben – und das gemäß der Befehle einer ständig wechselnden politischen Macht. Das ist nicht einfach. Ich könnte es nicht.

Wer nach seiner Aufgabe sucht, wird sich nicht mit einer Karriere abspeisen lassen. Wer dagegen versucht, Minister zu werden, dem fehlt es an einer Lebensanschauung.

Abgeordnete und Minister ziehen von sich aus durchs Land, um Stimmen zu werben. Was für Idioten! Wenn *mich* einer bäte, Minister zu werden, hieße die Antwort: „Für wie dumm hältst du mich denn?"

Der Premierminister hat die Wahl verloren: Jetzt heult er. Beim nächsten Mal gewinnt er wieder: Da lacht er in die Kamera. Das ist genauso wie mit einem weinenden Kind, dem du ein Bonbon hinstreckst, und schon hat es ein Lachen auf dem verrotzten Gesicht! Ein bisschen mehr Reife wäre schon ganz gut.

Wer sich auf seinen Lebenslauf beruft, ist ein Versager.

Rang und Namen sind die Spielzeuge der Normalbürger.

„Er ist ein toller Kerl: Zwei Liter Wein trinkt er in einem Zug aus!" Was „toll" genannt wird, ist meist nichts Besonderes. Jede Clique hat ihre eigenen Maßstäbe, nach denen sie etwas für „toll" oder „nicht toll" erklärt.

Dass eine Eule auch nachts sieht, ist Karma. Dass ein Fischotter so schnell schwimmt, ist Karma. Dass Füchse tiefe Bauten graben, ist Karma. Dass ein Wal so groß ist, ist Karma. Und dass er der Harpune zum Opfer fällt, ist auch Karma. Wie gut oder schlecht dieses Karma auch sein mag, es ist nichts Besonderes, sondern nur Karma.

Du bist schlau oder dumm, beliebt oder unbeliebt, geschickt oder ungeschickt: Das ist alles Karma, und ob dich das zum Minister oder zum Bettler macht, das ist auch Karma. Wenn der Kater und der Tiger einen Streit haben und der Tiger gewinnt, bedeutet das nicht, dass der Tiger etwas Besonderes ist: Es ist Karma. Dass der Dumme vom Schlauen vorgeschrieben bekommt, was er zu tun und zu sagen hat, ist Karma. Aber das bedeutet nicht, dass der Schlaue besser ist als der Dumme. Es ist bloß Karma. Buddhadharma hat damit nichts zu tun.

Die Menschen jagen ständig ihrem Karma hinterher. Lass dich vom Karma nicht an der Nase herumführen: Siehst du ein schönes Mädchen, lässt du dir den Kopf verdrehen; bekommst du einen Batzen Geld vorgestreckt, lässt du dich übers Ohr hauen. Ständig lässt du dich von halben Sachen an der Nase herumführen. Dich vom Karma nicht an der Nase herumführen zu lassen bedeutet, zu handeln, bevor die Zeitrechnung einsetzt.[13]

---

[13] Das bedeutet, in diesem Moment zu leben.

In der Welt wird alles bloß vom Blickpunkt des wackeren Normalbürgers aus diskutiert.

Die Leute begeistern sich für seltsame Dinge: Du brauchst nur ein wenig aus der Reihe zu tanzen, und alle Welt begeistert sich für dich.

Manche sind stark wie ein Löwe. Andere so lang so wie eine Schlange. Andere sehen selbst nachts, so wie das Wiesel. Einer wird ein Kind nach dem anderen gestohlen, und am Ende wird ihr selbst noch der Hals umgedreht: So geht es dem Huhn. Eine wird ihr Leben lang ausgenutzt, um am Ende geschlachtet und gefressen zu werden: Bis auf Haut und Knochen wird sie ausgebeutet, die arme Kuh. Andere haben es besser: Ihr Plätzchen ist auf Frauchens Schoß, die glücklichen Kater. Doch das ist alles nur Karma. Es ist weder gut noch schlecht. Ist dein Karma zu gut, fällst du am Ende noch kopfüber in die Hölle.

Die meisten von uns leben nicht aus eigener Kraft. Wir lassen uns vom System durchfüttern.

Die Ratte gräbt eifrig ein Loch. Das ist ihr Karma. Du brauchst ihr dafür keinen Respekt zu zollen: „Ich wünschte, ich wäre auch so fleißig wie du ..." Du brauchst es auch nicht zu bewundern, wenn einer nachts besser sieht als du: Selbst ein Kater kann das. Es ist ganz in Ordnung, wenn ein Mensch im Dunkeln nichts sieht.

Du hältst dich für clever, weil du die Prüfung bestanden hast? Das ist nur Karma. Es bedeutet noch lange nicht, dass du etwas vom Leben verstanden hättest.

Wenn du eine kleine Katze in einen Tigerkäfig wirfst, wird sie erschreckt davonlaufen. Doch der Tiger wird sie sich schnappen und mit einem Happen verschlingen. Sowohl das Kätzchen als auch der Tiger verkörpern die Schwachstellen von uns Lebewesen. Nur Saigyôs silberner Katze wäre es wohl besser ergangen[14].

---

[14] Saigyô (1117–1190), Mönch und Dichter, bekam bei einem Besuch beim Shôgun Yoriasa in Kamakura zum Abschied die silberne Statue einer Katze geschenkt. Sobald Saigyô das Tor des Shôgunatspalastes hinter sich gelassen hatte, schenkte er die silberne Katze weiter an Kinder, die auf der Straße spielten.

Wie langweilig es doch ist, damit anzugeben, was du alles kannst. Deine Fähigkeiten sind nur relativ, sie sind keinen Dreck wert. Das, was jenseits deiner Fähigkeiten liegt, ist genau das, worauf es ankommt.

Im Lauf der Geschichte wurden unzählige Burgen errichtet, die als uneinnehmbar galten. Am Ende gingen die stolzen Bauherren trotzdem in ihren Burgen zugrunde. Wie dumm waren sie eigentlich? Tokugawa Ieyasu[15] wurde ein schlauer Fuchs genannt, denn er hatte sich geschickt an die Macht gebracht. Doch hat seine Herrschaft ewig gewährt? Nein, auch er war letztlich nur ein Schafskopf.

Was für ein unangenehmer Kerl dieser Tokugawa Ieyasu doch war: Keine Spur von Männlichkeit! Ich möchte nicht so sein wie er. Wenn jeder so handelte wie Ieyasu, bestünde die Welt nur noch aus falschen Fuffzigern.

Nimm die vergangenen und gegenwärtigen Helden im Orient und Okzident einmal genau unter die Lupe: Die Guten wie die Bösen strampeln sich ab, um letztendlich zu krepieren. Mit der ganzen Kraft ihres Lebens rennen sie einer Illusion nach, die sie am Ende das Leben kostet.

---

[15] Tokugawa Ieyasu (1542–1616) ist der Name des Shôguns, der siegreich aus den Kämpfen des japanischen Mittelalters hervorging und die Tokugawa-Ära (1600–1868) einleitete. Die beiden Shôgune, die Ieyasu bei dem Versuch, Japan politisch zu vereinigen, vorangingen, sind Oda Nobunaga (1534–1582), der unter anderem auf brutale Weise das Zentrum des Tendai-Buddhismus auf dem Hiei-Berg zerstörte, und Toyotomi Hideyoshi (1536–1598), der die Burg in Osaka errichtete und als eine der wichtigsten Gestalten in der japanischen Geschichte angesehen wird. Die unterschiedlichen Charaktere dieser drei Shôgune werden in der folgenden fiktiven Geschichte beschrieben: Oda Nobunaga, Toyotomi Hideyoshi und Tokugawa Ieyasu wollten gemeinsam das Lied einer Nachtigall genießen, doch die Nachtigall wollte nicht für sie singen. Da sagte Nobunaga: „Wenn sie nicht singen will, werde ich sie töten!" Hideyoshi meinte: „Ich werde sie schon zum Singen bringen." Darauf Ieyasu: „Lasst uns warten, bis sie singt." Im Kampf um die Macht in Japan zeigte er die größte Geduld, was von vielen als schlau, oder – wie in der obigen Geschichte – als ein Zeichen besonderer Reife gewertet wird, von Sawaki aber als unmännlich und gemein betrachtet wird.

Alles Lebendige ist blind für die Wahrheit. Das gilt nicht nur für Rocker und Rowdys. Kinder werden blind für die Wahrheit geboren, von blinden Eltern erzogen, von blinden Lehrern ausgebildet und von Politkern, die blind für die Wahrheit sind, an der Leine herumgeführt – kein Wunder also, dass du die Wahrheit nicht siehst.

Ich kannte einen Größenwahnsinnigen, der sich „Ashiwara Shôgun" nannte. Er hängte sich einen Orden aus Pappe um den Hals und gab Edikte an seine Besucher in der Nervenheilanstalt aus. Nach dem Krieg mussten auch wir erkennen, dass die Militärs mit uns genau das gleiche getrieben hatten. Und nun wollen sie schon wieder Orden in Japan einführen ...

Im Japanisch-Russischen Krieg haben wir Ländereien besetzt. Und was haben wir damit gewonnen? Nur den Zorn der Russen, wie wir nach der Niederlage im Zweiten Weltkrieg feststellten.

Alles redet von Treue zum Vaterland. Die Frage ist nur, in welche Richtung das führt. Auch ich bin vollen Ernstes in den Japanisch-Russischen Krieg gezogen, doch nach der Niederlage im letzten Krieg erkenne ich, wie dumm es war, was wir da getan hatten. Am besten ist es, von vornherein keine Kriege zu führen.

Ob ein einziger Stalin geboren wird oder nicht, entscheidet über das Leben und Sterben Unzähliger. Die Geburt eines Menschen macht einen riesigen Unterschied. Deshalb hat die Tatsache, dass der Mensch Shakyamuni auf diese Welt kam, eine so große Bedeutung.

Ursprünglich bist du gut, so wie du bist ist, doch du gleitest ab in die falsche Richtung. Denn du folgst falschen Vorbildern. Die Sôkagakkai[16] zum Beispiel verspricht dir das Glück, doch woraus besteht dieses Glück? Daraus, dass du Geld verdienst! Doch was hat Geld mit Glück zu tun? Verzichtete Shakyamuni nicht auf Schloss und Thron, um Bettelmönch zu werden? Du gehst in die Irre, weil du dich von Glück und Unglück aus dem Gleichgewicht bringen lässt.

---

[16] Die Sôkagakkai (wörtlich: „Werte schaffende Gesellschaft") ist eine im Jahr 1930 gegründete japanische Sekte, die sich auf Nichiren beruft und sowohl international als auch in der japanischen Politik aktiv ist.

Wir haben alle ein anderes Karma. Wichtig ist nur die Tatsache, dass wir alle auf gleiche Weise von Buddha vorangezogen werden. Körper-und-Geist-Abwerfen[17] bedeutet, damit aufzuhören, sich selbst abzustrampeln und stattdessen auf Buddha zu vertrauen und sich von Buddha vorwärts ziehen zu lassen.

---

[17] Jap. *Shinjin-datsuraku*, ein zentraler Begriff bei Dôgen, mit dem er den Zustand in Zazen ausdrückt. Körper und Geist sind für Dôgen nicht zu trennen, deshalb hier der Ausdruck „Körper-und-Geist-Abwerfen". An zwei Stellen des *Shôbôgenzô* führt Dôgen aus:
„Den Buddhaweg ergründen heißt dich selbst ergründen. Dich selbst ergründen heißt dich selbst vergessen. Dich selbst vergessen heißt in jedem einzelnen Ding dir selbst zu begegnen. In jedem einzelnen Ding dir selbst zu begegnen, heißt Körper und Geist von dir selbst und allen anderen fallen lassen."
„Vergiss einfach den eigenen Körper und Geist, lass sie fahren und wirf dich in Buddhas Haus hinein. Vom Buddha her geleitet wirst du, indem du nur folgst – ganz ohne Kraftanstrengung und Geistesbemühung – frei von Leben-und-Sterben selbst ein Buddha."

7. An dich, der die anderen in den Schatten stellen will

Wir fragen uns, wer der Bessere ist. Sind wir denn nicht alle Fushimi-Puppen[18], aus demselben Lehmklumpen gemacht?

Wir sollten alle fest verankert an dem Ort sitzen, an dem es keine „Besseren" und keine „Schlechteren" gibt.

Das ganze Leben über regst du dich auf, weil du glaubst, dass es „dich" und „die anderen" gibt. Du trägst dick auf, um aus der Menge herauszuragen. Doch in Wirklichkeit gibt es weder „dich" noch „die anderen". Aber das wirst du erst verstehen, wenn du stirbst.

In Wirklichkeit gibt es keine Nahtstellen. Welche Naht verläuft denn zwischen „dir" und „mir"? Warum tun wir so, als ob eine Naht Freund und Feind trennt? Nur deshalb, weil wir uns so sehr an die Illusion der Naht gewöhnt haben, dass wir sie mit der Wirklichkeit verwechseln.

Arm und reich, wichtig und unwichtig – all das existiert nicht. Es ist nur ein Glitzern auf dem Wellenschaum. Trotzdem gibt es Menschen, die Buddha verfluchen, nur weil sie Pech gehabt haben oder weil ein anderer glücklicher ist als sie selbst.

Glück und Unglück, Wichtiges und Unwichtiges, Liebe und Hass – alle Welt macht darum ein Theater. Die wahre Welt, in der das alles gleich ist: Das ist die Welt des Undenkens[19].

---

[18] Sawaki bezieht sich hier auf ein Gedicht des Zenmeisters Ikkyû: „Auch Saigyô, die Kuh, der Berg und alles, sie werden zu Lehm auf der Fushimi-Straße" Auf der Fushimi-Straße wurden die ältesten japanischen Tonfiguren (genannt Fushimi-Puppen) in allen möglichen Formen verkauft.
[19] Das Undenken (jap. *Hishiryô*) ist ein zentraler Begriff im Zenbuddhismus. Zazen bedeutet einfach, in „Undenken" zu sitzen. Allerdings ist die Frage, was dieses „Undenken" denn genau bedeutet, nicht einfach zu beantworten. Undenken geht sowohl über das Denken als auch das Nicht-Denken hinaus. Ein wesentliches Merkmal ist, dass das Denken im Undenken losgelassen wird, die Gedanken dabei aber nicht ausgeschaltet werden, sondern umgekehrt ein freies Spiel der Gedanken erlaubt wird, ohne dass der Zen-Praktizierende selbst von diesem Spiel der Gedanken gefangen gehalten würde. Alternative Übersetzungen zu „Undenken" sind: „Das Loslassen der Gedanken", „jenseits von Gedanken" oder „freies Denken". Dôgen: „Sitze reglos wie ein mächtiger Berg in Konzentration und denke auf dem Grund des Nicht-Denkens. Wie denkt man

Wenn du erst einmal erkennst, dass deine irrigen Begriffe und Unterscheidungen nichts taugen, dann gibt es nichts mehr in der Welt, über das du dir den Kopf oder das Herz zerbrechen müsstest.

Als der Herr Vorsitzende ein paar Tage krank war, überholte ihn sein Untergebener auf der Karriereleiter. Da schnellte sein Fieber erst recht in die Höhe. Da muss man doch nicht gleich Fieber bekommen ...

Du sagst: „Pass auf, eines Tages werde ich's dir zeigen!" Dabei weißt du nicht einmal, wie lange du leben wirst. Hast du denn nichts anderes vor?

Im Westen heißt es, dass der Mensch des Menschen Wolf sei. Der erste Schritt der Religion muss darin bestehen, dass die Wölfe aufhören, aufeinander einzubeißen.

Bereits als Kinder lernen wir, wichtig zu tun. Die Welt nennt das „Bildung". Und worum geht es uns dann? Wir kämpfen wie die Dämonen, ficken wie die Tiere und fressen wie die Hungergeister. Und das ist alles.

Die ganze Welt schwankt auf wackligen Beinen. Wir versuchen die anderen umzustoßen, um selbst voranzukommen. Aber den Buddhadharma darfst du nicht genauso unfair praktizieren. Buddhadharma bedeutet, Erfolg im Misserfolg zu haben. Es entspricht dem Geist des Buddhadharma, „äonenlang in Zazen zu sitzen, ohne den Buddhaweg zu erlangen" *(Lotussutra)*.

Du machst ein gelangweiltes Gesicht, wenn kein Streit oder Wettbewerb stattfindet. Heute willst du um die Wette galoppieren. Ist das Leben denn ein Pferderennen? Morgen schwimmst du wie ein Fischotter, willst den anderen eine Nase voraus sein. Am Ende zankst du dich um einen Wollknäuel, wie die Miezekatzen ...

Wenn es einmal nicht um Sieg oder Niederlage, Liebe oder Hass, Reichtum oder Armut geht: Dann guckst du verschlafen aus der Wäsche.

---

auf dem Grund des Nicht-Denkens? Lasse den Gedanken los *(Hishiryô)!"*

Im Buddhadharma geht es nicht um Sieg oder Niederlage, Liebe oder Hass.

Manche Kerle tun sich hervor mit ihrem „Satori". Ist nicht von vornherein klar, dass etwas, womit du dich hervortun kannst, nichts mit Satori zu tun hat?

8. An dich, den man übers Ohr gehauen hat

Kneife dich einmal selbst ins Ohr: Lohnt sich die ganze Aufregung über Freude und Leid, der Stress mit dem persönlichen Gewinn und Verlust?

Alles denkt nur an sich selbst: „Das war gut!" Gut für wen? Für dich persönlich, das ist alles.

Was macht uns Menschen so fertig? Es ist die ständige Hektik um einen winzigen Vorteil, die uns fertig macht.

„Illusion" bedeutet, instabil zu sein. „Illusion" bedeutet, von der Situation beherrscht zu werden.

Wer große Begierden hat, wird leicht übers Ohr gehauen. Bei einem, der keine Begierden hat, wird auch der größte Betrüger keine Geschäfte machen.

Buddhismus lehrt: „Kein Ich", „nichts zu gewinnen". Du musst eins mit allem Lebenden im Universum sein.

„Kein Ich" bedeutet, den Menschen nicht den Rücken zuzudrehen.

Alle Menschen irren sich: Wir halten für Glück, was Unglück bedeutet, und wir weinen über das Unglück, das gar keines ist. Kennst du das Kind, dessen Tränen plötzlich einem Lachen weichen, weil man ihm einen Keks hinstreckt? Was du Glück nennst, ist nichts anderes als die Freude über diesen Keks.

Du sagst: „Ich hab's mit eigenen Augen gesehen, mit eigenen Ohren gehört!" Und dann tust du so, als sei das die sicherste Grundlage, die es geben kann. Doch diesen Augen und Ohren ist nicht über den Weg zu trauen. Alle werden von ihren Augen, Ohren, Nasen, Zungen, Körpern und Gedanken betrogen. Alles redet von Glück oder Unglück, doch was du für Glück und Unglück hältst, hat keinen Belang.

Lass dich nicht von deiner Idee von persönlichem Gewinn und Verlust an der Nase herumführen.

Alle Menschen laufen im Kreis, ganz aus der Fassung gebracht. Buddhadharma lehrt uns dagegen, eine gefasste Haltung anzunehmen.

Natürlich gibt es in der Welt der Menschen auch Ausnahmesituationen. Die Schwäche der Menschen besteht nur darin, in der Ausnahmesituation auch ein Extratheater zu veranstalten. Sie machen viel mehr Wirbel, als nötig wäre.

Es gibt Kerle, die bei der Vorbereitung zur Prüfung schummeln. Deshalb müssen sie dann auch bei der richtigen Prüfung schummeln, sonst kommen sie nicht durch. Sie treiben es mit ihrer Idiotie so weit, dass ich ihnen schon fast meinen Respekt dafür aussprechen möchte. Doch wenn wir genau hinschauen, finden wir die gleiche Idiotie überall auf der Welt.

Es ist oft schwer, beim Trinken Maß zu halten. Und zwar dann, wenn es der Wein selbst ist, der den Wein trinkt. Mit den Illusionen in der Welt verhält es sich genauso wie mit dem Wein, der Wein trinkt – wir haben sie nicht mehr unter Kontrolle.

Reihe einmal alles nebeneinander auf und vergleiche die hunderttausend Möglichkeiten, die alle nirgendwohin führen: Dies führt in eine Sackgasse, das führt in eine Sackgasse. In welche Richtung du auch gehst, du bleibst stecken. Nun wirf einfach all das fort, was dich in eine Sackgasse führt: Was bleibt dann übrig? „Ein Mensch großer Muße, jenseits von Lernen und Tun." *(Shôdôka)*

9. An dich, der seinen Job hinschmeißen will

Dir steht jede Richtung im Leben offen: Schreite aus, nach Osten, Westen, Norden und Süden!

Unter den menschlichen Tätigkeiten sind die am wichtigsten, die sich kein zweites Mal wiederholen lassen. Wiederholungen kannst du den Robotern überlassen.

Das Leben kennt keine Schienen.

Das Lied eines Vogels kennt weder Dur noch Moll. Bodhidharmas Lehre passt auf kein Notenpapier, denn sie ist von grenzenloser Weite. Wenn du versuchst, sie zu fixieren, greifst du ins Leere. Die Buddhalehre ist kein getrockneter Kabeljau. Nein, ein quicklebendiger Fisch lässt sich nicht greifen.

Im Soldaten-Handbuch steht, dass man im Krieg auf tausend verschiedene Möglichkeiten vorbereitet sein muss. Das gilt nicht nur für den Krieg: Auch für das Leben gibt es keine Schablone. Wer versucht, das Leben nach Schablone zu leben, ist ein Versager. Auch bei einem Gerichtsprozess ist es gefährlich, wenn alles nach Schablone verläuft.

„Die Wildgänse hinterlassen keine Spuren, doch wohin sie auch fliegen, sie verlieren nie ihren Weg." (Gedicht von Dôgen Zenji)
  Auf dem Weg eines Vogels gibt es keine Spuren. Das unterscheidet ihn von dem einer Dampflokomotive, die auf Schienen fährt. Oder auch vom Pfad eines Ochsen.

Leben wir das Leben nicht von Augenblick zu Augenblick? Warum versuchst du, das Leben zu analysieren und systematisieren, um es am Ende in einer Schublade zu verstauen?

Das Traurige am Menschen ist, dass er sich keinen Schritt aus scinen Gewohnheiten herauswagt.

Ein Pfuscher tut alles nach Handbuch.

Du verlierst die Richtung im Großen, weil du dein Augenmerk stets nur auf Kleinigkeiten richtest: Du kaufst dir Sachen, die du nicht haben willst, nur in der Hoffnung, mit dem Los, das du an der Kasse umsonst dazubekommst, den großen Preis zu gewinnen!

Ursprünglich bedeutete Studium, Einblick in das eigene Leben zu gewinnen. Heute ist daraus eine Qualifikation für das Berufsleben geworden.

Soviel du in diesem Leben auch bewerkstelligst, du kannst nichts davon vor dem letzten Gericht präsentieren: Du stirbst nackt.

Ist das, was die Welt „gut" oder „schlecht", „wahr" oder „falsch" nennt, nicht eins wie das andere?

Als der Hôjô-Klan die Chihaya-Burg von Kusunoki Masashige[20] erstürmte, fielen auch auf der Seite der Hôjôs Soldaten. Sie nannten das einen „ehrenvollen Tod". Andere dichteten dagegen:
„Für Ruhm und Ehre wollt ihr gern euren Leib hergeben, nur wenn es um den Dharma geht, dann geizt ihr mit dem Leben!"

Am Ende hast du keine Wahl: Du musst loslassen!

Du musst auf sicheren Füßen stehen – aus welcher Richtung der Wind auch wehen mag.

Versteht es sich nicht von selbst, dass das größte Glück darin besteht, zu tun, was du tun musst?

Die Zeit deines Lebens nicht zu verschwenden heißt, zur rechten Zeit am rechten Ort zu sitzen. Du darfst diesen Augenblick nicht verfehlen.

---

[20] Am Ende der Kamakura-Periode (1185–1333) organisierte der japanische Kaiser Godaigo eine Armee, die gegen das Shôgunat der Hôjôs in Kamakura kämpfte und der auch der für seine Loyalität berühmte Kusunoki Masashige angehörte. Die Armee stürzte das Shôgunat, doch Kusunoki unterlag einer Überzahl der als Rebellen angesehenen Hôjô-Kriegern in der Schlacht um das Chihaya-Schloss.

Dein Leben sollte kein Rückzugsgefecht sein, bei dem du solange davonläufst, bis es kein Versteck mehr gibt. Daichi Zenji drückt seine Lebensweise ganz anders aus: „Ich bin ein Müßiggänger, der sich das ganze Universum zu eigen gemacht hat!"

„An diesen Punkt gelangt, kann ich die Welt endlich hinter mir zurücklassen!" – Wenn du diesen Entschluss fasst, brichst du ins Mönchsleben auf. Diese Einstellung befähigt dich zum Zazen.

Auf nichts ist Verlass. Der Wert der Dinge ändert sich. Diese Einsicht bewegte Shakyamuni, auf den Königstitel zu verzichten, seine Frau und seinen Sohn zu verlassen und Mönch zu werden.

10. An dich, der du mit Zazen anfangen willst

Alles Mögliche wird von der Welt „Glück" genannt. Doch welches Glück könnte größer sein, als unseren Hintern aufs Kissen zu setzen und Zazen praktizieren zu dürfen?

Wem es bei dieser oder jener neuen Sekte besser passt, der soll es lieber dort probieren. Nur wenn du wirklich Zazen praktizieren willst, solltest du es auch tun.
    Was bringt dir Zazen? Zazen bringt dir nichts! Dôgen Zenji wollte keine Anhängerscharen. Er verglich sie mit „Froschlaich und Regenwürmern". Ein Drache, der allein ist, ist trotzdem ein Drache. Ein Elefant ist ein Elefant. Deshalb nennt man Zenmönche auch Drachen und Elefanten.

Es gab einmal fünfhundert Affen, die fünfhundert buddhistischen Heiligen zu Diensten waren. Eines Tages beschlossen die Affen, den Heiligen alles nachzumachen: Sie praktizierten Zazen, mit demselben Blick in den Augen, demselben Ausdruck im Gesicht und mit derselben Körperhaltung. Von diesem Tag an saßen tausend Heilige gemeinsam in Zazen und verwirklichten dadurch gemeinsam Satori. Auch ich habe mir vorgenommen, das Saatgut des Zazen zu bewahren – und sei es durch Nachahmung.

Wenn du Zazen praktizierst, bist du vollkommen neu: Du selbst.

Wenn du Zen praktizierst, geht es um dich selbst, hier und jetzt. Zen darf nicht zu einem Gerücht werden, das mit dir nichts zu tun hat.

Gleich neben der Zazen-Halle der Komazawa-Universität befindet sich der Baseballplatz: Wenn du während Zazen den Cheerleadern zuhörst, die vor den Spielen ihre Routinen einstudieren, verstehst du gut, wie sehr manche ihr eigenes Leben vernachlässigen.

Zazen ist der Buddha, den du aus deinem rohen Fleisch formst.

Die Praxis des einfachen Sitzens *(Shikantaza*[21]*)* ist das Höchste, das du aus dem rohen Fleisch eines Normalbürgers herausholen kannst.

Das chinesische Schriftzeichen für „Hüfte" besteht links aus dem Zeichen für „Fleisch" und rechts aus dem Zeichen für „das Wesentliche". In Zazen ist es wesentlich, dass zunächst die Hüften fest auf dem Kissen verankert sind.

In Zazen verankern wir die Hüften in der Erde und stoßen mit dem Scheitel durch die Wolken.

Wenn Klänge der Freude, des Ärgers, der Trauer oder des Glücks an den Ort des Zazens dringen, schlagen die Wellen hoch, und das Zazen geht uns nicht in Fleisch und Blut über.

Wer sich in schlechter Gesellschaft befindet, der sucht in Zazen nach Stimulation für seine Reize. In Zazen dürfen wir unsere Reize so wenig wie möglich stimulieren, und wir sollten überhaupt nichts Besonderes praktizieren.

Wir können mit demselben Körper, der einen Mittagsschlaf hält, auch Zazen praktizieren. Der Körper, der Zazen praktiziert, kann auch einen Mittagsschlaf halten.

Es ist außergewöhnlich, dass wir hier einen Tag gemeinsam Zazen praktizieren. Außergewöhnlich ist es auch, dass andere diesen Tag bei den Huren verbringen: Außergewöhnlich dumm.

Wenn du zu Abend isst, um danach einzubrechen, dann isst du eine Einbrechermahlzeit. Wenn du isst, um zu den Huren zu gehen, dann isst du eine Hurenmahlzeit. Wenn du isst, um Zazen zu praktizieren, dann ist das die Mahlzeit des Buddhawegs.
Die Frage ist: Warum isst du?

---

[21] Das einfache Sitzen (jap.: S*hikantaza,* auch übersetzt als „Nur-Sitzen") ist das A und O von Dôgens Lehre. S*hikantaza* wird nicht mit dem Ziel geübt, eine Satori-Erfahrung zu haben, vielmehr wird das Sitzen selbst als ein Ausdruck von Satori praktiziert. Uchiyama Kôshô widmet der Erklärung dieser Praxis ein Kapitel am Ende dieses Buches („An dich, der unzufrieden mit seinem Zazen ist").

Wenn wir hier in Antaiji die Futons (japanische Matratzen) auswechseln, und wenn die Bordellmutter in ihrem Laden die Futons auswechselt, dann bedeutet das etwas anderes. Der Bordellmutter geht es darum, Kunden zu ködern und Geld zu machen, uns geht es darum, dass sich die Menschen, die zum Zazen kommen, nicht erkälten. Wer zum Zazen kommt, ist ein Buddha: Er soll auch auf dem Futon eines Buddhas schlafen.

Essen, um Zazen zu üben. Schlafen, um Zazen zu üben. So werden auch das Essen und Schlafen Teil von Zazen.

Wenn du glaubst, dass du dich neben der Zazen-Praxis auch noch um deinen Lebensunterhalt kümmern musst, dann hörst du plötzlich ganz auf mit dem Zazen und sagst: „Arbeit ist auch Zen, Sitzen ist auch Zen". Glaubst du umgekehrt, dass du um jeden Preis Zazen machen musst, dann ist für dich nur noch das Sitzen allein Zen, und alles andere hat nichts mehr mit Zazen zu tun.

Unsere Praxis ist keinem Buddha außer Zazen selbst geweiht. Zazen erlöst uns Normalbürger und alle leidenden Wesen, in dem es unser rohes Fleisch umformt zu Zazen.

Umschalten von Leben und Tod auf den Buddhaweg: Das ist Zazen. Im *Shôdôka* heißt es dazu: „Einen Schritt darüber hinausgehen, um direkt am Ort des Tathagata anzukommen". Und im *Shôbôgenzô Butsudô*: „Zazen ist nicht der Dharma der vergänglichen Welt, es ist der Dharma von Buddhas und Patriarchen."

Über den Buddhadharma wird nur zwischen Buddha und Buddha verhandelt, nicht zwischen Buddha und Normalbürger. Deshalb heißt es im *Lotussutra:* „Nur ein Buddha und ein Buddha vermögen es zu ergründen." Man spricht auch vom „gemeinsamen Geist von Buddha und Buddha". Der verwirklicht sich nur beim aufrechten Sitzen vor der Wand.

Unser Zazen ist so wie das Erwachen nach dem Winterschlaf zu einer vollkommen neuen Welt.

Zazen könnte man auch die Rückkehr in die Gebärmutter nennen. Das ist keine „Arbeit".

Alle sind so beschäftigt mit ihrem Kalkulieren, dass sie nicht mehr aus noch ein wissen. Mit dem Kalkulieren aufzuhören bedeutet, in Zazen zu sitzen.

Zazen bedeutet, die Halluzinationen des Menschen aufzugeben.

Zazen ist Manifestation dessen, was sich nicht aussprechen lässt.

Durch Zazen setzt du das in die Praxis um, was sich mit Gedanken nicht denken lässt.

Das Zazen von dir allein durchdringt Himmel und Erde, es bezeugt den Ort großer Befreiung.

Zazen ist der Dharma-Schalter, mit dem du das gesamte Universum anknipst.

Samadhi bedeutet: Das, was das gesamte Universum ausfüllt, in jedem einzelnen Augenblick, bei jeder einzelnen Tätigkeit, in die Praxis umzusetzen, indem du dich diesem Augenblick vollkommen hingibst.

Etwas „einfach" zu tun bedeutet, es ein für alle Mal zu tun. Jetzt auf der Stelle. Verschwende die Zeit deines Lebens nicht!

„Ich und alles Lebendige auf der Erde verwirklichen den Weg gemeinsam." (Shakyamuni Buddha)
   Im Buddhadharma wird dies nicht mit politischer Macht durchgesetzt. Du selbst musst es verwirklichen. Wenn du sitzt, musst du eins mit Truman, Stalin und Mao sein. Einer sitzt für alle, alle sitzen für einen.

Die phänomenale Welt ist nichts, was Gott fabriziert hat. Sie besteht durch kausale Wechselwirkung. Bei Buddha folgt aus einem unermesslichen Grund eine unermessliche Wirkung. Auf dem Grund des Undenkens denken: So verwirklicht sich Buddha. Oft wird gesagt, dass

Zen Ungeist[22] bedeute. Doch dieser Ungeist bedeutet Unermesslichkeit, und Unermesslichkeit bedeutet nicht die Nicht-Messbarkeit im Gegensatz zur Messbarkeit.

Allen „guten Taten" folgt das Bewusstsein: „Das war ich!" Nur ein Zazen, das nicht mehr „ich" sagt, ist echt.

Sitz' in Zazen mit der Absicht, zu verhungern. Verlass dich nicht darauf, dass du immer etwas zu essen haben wirst, solange sich das Rad des Dharmas dreht. Nein, umgekehrt: Solange du das Rad des Dharmas im Schwung hältst, spielt es überhaupt keine Rolle, ob du etwas zu essen hast oder nicht.

Wenn es um deine weltlichen Gefühle geht, hat das mit Zen nichts zu tun. Der Buddhadharma macht keine Extrawürste, er kümmert sich nicht um deine menschlichen Präferenzen.

„Die sitzen da alle mit dem Gesicht zur Wand – was soll das nur? Was könnte es Stumpfsinnigeres geben als Zazen?"
So sieht es vom Standpunkt der Allerweltlinge aus.

Was bringt mir Zazen? Diese Frage bringt am allerwenigsten. Was hat dir denn die Erfindung des Fernsehens gebracht? Und was hat es gebracht, dass du geboren wurdest? Alles bringt nichts.

Wenn mich die Leute fragen, was Zazen bringt, antworte ich, dass es nichts bringt. Dann machen sie ein langes Gesicht und geben auf. Doch was bringt es, tagein-tagaus herumzuhetzen auf der Suche nach Befriedigung? Was bringt uns das Glücksspiel? Und was das Tanzen? Was bringt die Aufregung über Sieg oder Niederlage beim Baseball? Es bringt rein gar nichts! Deshalb ist nichts so konsequent wie das schweigende Sitzen in Zazen. Dass etwas nichts „bringt", bedeutet in der Welt doch meist nur, dass es kein Geld einbringt.

---

[22] Ähnlich wie das „Undenken" bedeutet auch der „Ungeist" (jap. *Mushin*) keine Verleugnung des Geistes, sondern den Geist, in dem an nichts festgehalten wird. Es ist ein vollkommen freier und offener Geist, der sich von nichts gefangenhalten lässt.

Oft werde ich gefragt, wie lange man Zazen praktizieren muss, bis es Resultate zeigt. Zazen hat keine Resultate. Von Zazen hast du überhaupt nichts.

In letzter Zeit haben wir einen Zen-Boom. Jede Gazette schreibt darüber. Doch was lese ich da? Einer erzählt, was ihm ein anderer im Vorübergehen über Zen zugesteckt hat, wieder ein anderer berichtet sogar von einem einwöchigen Seminar mit garantiertem „Kenshô"[23]. Das Problem ist, dass die, die noch nie etwas von Zen gehört haben, sich von so etwas einen Bären aufbinden lassen.

Wer über keine feste buddhistische Lebenseinstellung verfügt, sollte lieber die Finger von der Zazen-Praxis lassen.

In unserer Schule gibt es keinen Buddha außer Zazen selbst. Das Loslassen der Gedanken verwirklicht den Leib des Dharma. Die Tatsache, dass es sich „ohne Praxis nicht verwirklicht, ohne Erweis dir nicht zu eigen wird" *(Bendôwa)*, ist der Leib des Erwachten. *„Arbeit ist Zen, Sitzen ist Zen, in Reden und Schweigen, Bewegung und Ruhe findest du Frieden."* *(Shôdôka)* – das ist der Ausdruck im täglichen Leben.

Nur das *Nenbutsu*[24], das auf einem festen Geist beruht, ist wirkliches *Nenbutsu*. Nur das Zazen, das auf einem festen Geist beruht, ist wirkliches Zazen. Wenn du *Nenbutsu* praktizierst, weil es deinem Geist an Sicherheit fehlt, dann ist das kein *Nenbutsu*. Wenn du Zazen praktizierst, weil es deinem Geist an Sicherheit fehlt, dann ist das kein Zazen. Und beim Essen ist die Praxis eines Buddhas, durch eine vollendete Art des Essens die Mahlzeit zu vervollkommnen.

---

[23] „Wesensschau", oft gleichbedeutend mit einem subjektiv (miss-)verstandenen Satori.

[24] *Nenbutsu* (wörtlich: „Kontemplation Buddhas") ist eine in Japan weit verbreitete buddhistische Praxis, die hauptsächlich in der Jôdô- und der Jôdô-Shin-Schule ausgeübt wird. Dabei wiederholt der Praktizierende pausenlos den Namen von Amithaba Buddha: *„Namu-Amida-Butsu, Namu-Amida-Butsu, Namu-Amida-Butsu."* Obwohl diese Praxis im Zen-Buddhismus selten ist, zieht Sawaki sie gerne heran, um eine Parallele zum Zazen aufzuzeigen: So wie der, der den Namen Buddhas anruft, dies nicht aus eigener Kraft tut, sondern sich vielmehr dem Anrufen durch Buddhas Kraft selbst überlässt und auf diese Weise eins mit dem Nenbutsu und Buddha wird, so darf auch Zazen nicht aus eigener Kraft geübt werden. Vielmehr muss es Zazen selbst sein, das sich unseres Körpers bedient, um Zazen zu praktizieren.

11. An dich, der du dein Hara stärken willst

Manche meinen: „Durch Zazen stärkst du dein Hara (Gegend unterhalb des Nabels)!" Wenn du erkennst, dass dieses „Hara" in Wirklichkeit scheißegal ist, dann hast du echtes Hara. Das ist Zazen.

Da gibt es Leute, die mit Zazen ihr Hara stärken wollen. Die sollten sich lieber mit Sake (Reiswein) Mut antrinken und den Gerichtsvollzieher mit einem lauten Schrei aus dem Haus jagen.

Es gibt Bücher wie „Zen in der Kunst, dein Hara zu kultivieren". Diese „Hara-Kultur" ist nichts als Selbstberauschung.

Manche versuchen, durch Zazen ihr Ego dickfelliger zu machen.

Wirkliches Hara zu entwickeln bedeutet, deine individuellen Attitüden abzulegen.

Wenn da auch nur ein Rest von deinen Privatangelegenheiten im Spiel ist, ist das kein reines, unvermischtes Zazen. Du musst reines Zazen üben, ohne es mit Gesundheitstraining oder Satori oder dergleichen zu vermischen. Wenn du auch nur im Geringsten deine persönlichen Anschauungen beimischst, ist da kein Buddhadharma mehr.

Buddhismus bedeutet einfach gesagt: „Kein Ich". „Kein Ich" bedeutet, dass „ich" kein individuelles Subjekt bin. Wenn „ich" kein individuelles Subjekt bin, dann fülle ich das ganze Universum aus. Dass ich das ganze Universum ausfülle bedeutet: Alle Dinge sind Gestalt der Wahrheit.

Wahrer Dharma bedeutet: nichts gewinnen. Falscher Dharma bedeutet: etwas gewinnen. Deshalb musst du so viel wie möglich verlieren.

Wenn du Zazen übst, während du von Gefühlen des Glücks, des Ärgers, der Trauer oder der Freude beherrscht wirst, werden diese Gefühle wie ein furchtbares Gespenst ihren Spuk während Zazen treiben.

Du darfst weder Buddhadharma *(buppô)* noch Schießgewehr *(teppô)* zum Zazen mitbringen. Noch viel weniger eine Frau *(nyôbô)*.

Buddhaweg bedeutet: Nichts zu suchen, nichts zu finden. Wenn es etwas zu finden gibt, dann hat das nichts mit dem Buddhadharma zu tun, so sehr du dich auch bei deiner Übung anstrengen magst. Wo es nichts zu finden gibt, genau da ist der Buddhadharma. Wonach du greifst, das wirst du verlieren.

Reichtum besteht daraus, nicht zu greifen. Das Licht wenden und zurückreflektieren: Wenn wir einen Schritt zurücktun, sehen wir, dass es nichts zu greifen gibt. Nichts, wohinter wir herlaufen, nichts, wovor wir davonlaufen müssten. Die Gestalt der Wahrheit entsteht nicht und vergeht nicht, sie ist weder rein noch befleckt, sie nimmt weder zu noch ab.

Mönch Yakuzan übt Zazen. Da fragt ihn sein Lehrer, Großmeister Sekitô: „Was tust du da?"
„Ich tue überhaupt nichts."
„Wenn du überhaupt nichts tust, heißt das, dass du dir bloß die Zeit vertreibst?"
„Wenn ich mir die Zeit vertriebe, dann würde ich mich dem Zeitvertreib widmen, doch ich tue selbst das nicht."
„Du sagst, du tust nichts. Was ist es, das du nicht-tust?"
„Selbst tausend Weise könnten es nicht beim Namen nennen."
Nichts ist so still und erhaben wie das Zazen, das selbst tausend Weise nicht beim Namen nennen können – so wie es Yakuzan praktiziert und Großmeister Sekitô lobpreist.
Heute gibt es Meister, bei denen du für ein ordentliches Sümmchen Geld eine Woche sitzen kannst, mit einer Garantie auf „Kenshô". Das hat natürlich nichts mit dem Zazen zu tun, von dem Yakuzan sagte: „Selbst tausend Weise könnten es nicht beim Namen nennen." Wenn du an dem Ort sitzt, den selbst tausend Weise nicht beim Namen nennen können, dann praktizierst du einfaches Sitzen *(Shikantaza)*.

Heutzutage wird viel von Zazen geredet. Die Frage ist bloß: Was bezweckst du mit deinem Zazen? Manche spucken sich in die Hände, um ihr Hara zu kultivieren oder um zu stärkeren Persönlichkeiten zu werden. Am Ende brüsten sie sich mit ihrem „Satori". Und vom Kôan-Training behaupten die kleinen Mönche, das sei nur etwas für „schlaue Köpfe".

So sieht der Buddhadharma aus der Perspektive von Normalbürgern aus. Doch der Buddhadharma ist kein Dharma für Normalbürger. Du musst den Buddhadharma aus den Augen des Buddhadharma selbst betrachten. Nur dann wird Zazen zu genau dem Zazen, das selbst Zazen praktiziert – und das ist äußerst selten.

Es gibt Kerle, die betreiben Zazen als Fortbildung. Das ist bloß Schminke.

Wir sind hier keine Fortbildungsanstalt. Was wir versuchen ist, reinen Tisch mit uns selbst zu machen. Da gibt es nichts zu gewinnen. Es geht darum, Illusion und Weisheit gleichzeitig zu verlieren.

Wenn Normalbürger zu besonderen Menschen werden: Das hat nichts mit Buddhadharma zu tun.

Zazen beginnt dann, wenn der Wettkampf mit den Ellenbogen aufhört.

Du schwimmst jeden Morgen im kalten Wasser? Was ist schon dabei: Ein Goldfisch kann das auch. Du hast das Rauchen aufgegeben? Na und? Mein Kater raucht auch nicht. Wie viel du dir auch auf dein Hinterher- und Davonlaufen einbilden magst: Das ist nichts anderes als das karmische Treiben der vergänglichen Welt.

Zazen schmeichelt dir nicht. Es putzt dich aber auch nicht runter.

Wahre Religion ist die Welt ohne Fabrikationen.

Alles ist gut, so wie es ist. Fummele nicht daran herum.

Alle glauben, sie müssten noch etwas zu ihrem Zazen oder Nenbutsu hinzufügen. Nein, du musst nichts hinzuzufügen.

Wie außergewöhnlich und mystisch dir deine Erfahrungen auch erscheinen mögen, sie werden nicht dein ganzes Leben lang fortdauern. Früher oder später verlieren sie ihren Geschmack.

Normalbürger stehen auf Wunder und Magie: Sie lieben den Hokuspokus.

Normalbürger mögen von Natur aus keine Praxis, sie wollen bloß „Satori". Sie wollen Geld verdienen, ohne zu arbeiten. Deshalb stehen sie vor dem Lottoschalter Schlange. Sie wollen nicht den wahren Dharma, deshalb schwärmen sie zu den neuen Sekten aus, die ihnen den Himmel auf Erden versprechen.

Du bleibst beim „Satori" stehen, du bleibst beim Geld stehen, du bleibst beim Status stehen, du bleibst beim Sex stehen. Buddhadharma bedeutet: Geradeaus weitergehen!

Zazen ist eine erwachsene Einstellung – keine infantile Einstellung.

12. An dich, der sich fragt, was Zazen bringt

Was bringt dir Zazen? Überhaupt nichts!

Solange uns dieses „überhaupt nichts" nicht so sehr in Fleisch und Blut übergeht, dass wir tatsächlich „überhaupt nichts" tun, solange bringt das wirklich nichts.

Mit voller Absicht das zu tun, was überhaupt nichts bringt: Ist das nicht einen Versuch wert?

Manche sagen, sie wollen Zazen ausprobieren, um bessere Menschen zu werden. Zu besseren „Menschen" wollen sie durch Zazen werden – wie bescheuert! Wie könnten „Menschen" je zu etwas Besserem werden?

Sie sagen: „Ich will durch Zazen zu einem besseren Menschen werden!"

Zazen ist keine Erziehung zum Menschsein. Zazen bedeutet, mit dem Menschsein Schluss zu machen.

Die Leute sagen: „Zen bedeutet, einen leeren Geist zu haben, nicht wahr?"

Einen leeren Geist hast du nur, wenn du stirbst.

Andere glauben, dass durch Zazen alles besser wird. Unfug! Zazen bedeutet, „besser" und „schlechter" zu vergessen.

Du bekommst kein Trinkgeld für dein Zazen.

„So lange wie der Tag eines Kindes ist, so still ist der Berg, durch den die Ewigkeit spricht."

Zazen ist unzufriedenstellend. Unzufriedenstellend für wen? Für den Normalbürger – es ist der Normalbürger in uns, der nicht zufriedengestellt wird.

In unserer Schule fehlt es dem Zazen an Spannung. Normalbürger suchen ständig nach Spannung: Sport und Glücksspiel, Pferderennen ... Was macht das so populär? Es ist die Spannung zwischen „Gewinnen" und „Verlieren".

Versteht es sich nicht von selbst, dass das, was maßlos und unbegrenzt ist, die Begierden des Menschen nicht zufriedenstellt?

Wie könnte das, was das ganze Universum ausfüllt, je Zufriedenheit im Rahmen des Normalbürgers bedeuten?
Unzufriedenstellend: Einfach Zazen praktizieren.
Unzufriedenstellend: Zazen mit diesem Körper umsetzen.
Unzufriedenstellend: Zazen in Fleisch und Blut aufnehmen.

Von Zazen ins Auge genommen, von Zazen ausgeschimpft, von Zazen den Weg verstellt, von Zazen herumgeschleift, jeden Tag blutige Tränen zu vergießen: Ist das nicht die glücklichste Form von Leben, die man sich vorstellen kann?

Da fragt einer: „Ich kann verstehen, dass wir während Zazen Buddhas sind. Bedeutet das, dass wir nur Normalbürger sind, wenn wir kein Zazen machen?"
Ist einer nur in dem Moment ein Dieb, in dem er etwas stiehlt, und keiner, wenn er gerade einmal nicht stiehlt? Wenn du isst, um zu stehlen, und wenn du isst, um Zazen zu praktizieren – ist das die gleiche Sache, oder ist es verschieden? Wer einmal stiehlt, dem traut keiner mehr über den Weg. Wer einmal Zazen übt, übt ewiges Zazen.

Zazen ist eine wundersame Sache: Wenn du sitzt, kommt es dir nicht so vor, als ob dieses Zazen so eine gute Sache wäre. Doch von außen betrachtet gibt es nichts, was majestätischer wäre. Mit den meisten Dingen ist es umgekehrt: Objektiv betrachtet ist nicht viel dabei, nur du selbst hältst es für furchtbar wichtig.

Dass der Buddhadharma den gesamten Kosmos ausfüllt, liegt daran, dass es bei ihm nichts zu greifen gibt. Tägliche Praxis ist nicht anstrengend, wenn wir nach nichts greifen.

Wahre Praxis ohne Gewinn bedeutet, zu praktizieren, indem wir zu Holz und Stein werden.

Zazen ist transparent und geschmacklos. Wenn wir Zazen würzen, gerät es zu etwas für „Menschen".

Zazen ist nicht modisch. Zur Mode wird das, was dem Normalbürger von Natur aus liegt: Wettkampf um Sieg und Niederlage, wie beim Sport.

Dass Zazen nicht in Mode kommt, liegt daran, dass es zu lauter und erhaben ist. Kleinkinder interessieren sich nicht dafür.

Der große transparente Himmel unterscheidet sich von einem Bonsai-Pflänzchen (japanischer Zwergbaum) oder einem Gartenzwerg: Er ist unbegrenzt weit. Menschen lieben es, an ihren Bonsais herumzuschneiden oder sich um die Gartenzwerge zu kümmern.

Du willst Pfeffer fürs Bewusstsein, deshalb kannst du mit der geschmacklosen Transparenz des Buddhadharma nichts anfangen.

Manche sagen, dass sie viele störende Gedanken während Zazen haben. Dass wir uns der störenden Gedanken überhaupt bewusst werden können, liegt daran, dass sich im Kopf die Wellen beruhigen und der Blutandrang abnimmt.

Einige meinen: „Wenn ich Zazen mache, bekomme ich störende Gedanken!" Unfug! Wenn du Zazen machst, wirst du dir der störenden Gedanken erst bewusst. Wenn du mit deinen störenden Gedanken zum Tanzen gehst, merkst du nichts von ihnen. Wenn dich während Zazen eine Mücke sticht, merkst du es sofort. Du merkst dagegen nichts, wenn dich beim Tanzen ein Floh am Hoden zwickt, so beschäftigt bist du mit deinem Tanzen.

Ein Laie: „Ich übe schon seit geraumer Zeit Zazen, doch noch immer habe ich viele störende Gedanken, und ich weiß nicht, was ich dagegen tun kann. Nur ein einziges Mal, während eines Luftangriffs, als ganz in der Nähe die Bomben einschlugen, setzte ich mich in Zazen und hatte nicht einen einzigen störenden Gedanken. Nie war mein Zazen so gut wie dieses eine Mal. Doch danach war wieder alles beim Alten. Gibt es nicht irgendeinen Weg, noch einmal Zazen so wie jenes eine Mal zu praktizieren?"

Meine Antwort: „Ja, und das ist Kôan-Zen. Du lässt dir ein Kôan geben, lässt dich anbrüllen und in die Ecke treiben. Da bleibt kein Platz für störende Gedanken. Allerdings ist danach dann wieder alles beim Alten. Nur für den Augenblick vermagst du es auf diese Weise, die störenden Gedanken in die Ecke zu schieben. Beim einfachen Sitzen von Dôgen Zenji geht es dagegen aufs Ganze: Wir müssen unsere wahre Natur zum Vorschein bringen. Da erscheinen dann auch die schlechten Seiten von uns ganz so, wie sie sind. Wir erkennen, dass wir ständig störende Gedanken im Kopf haben, so wie ein Krebs, der Blasen blubbern lässt. In Wirklichkeit ist es das Verdienst von Zazen, dass wir erkennen, wie uns störende Gedanken ausfüllen. Wenn wir beschäftigt mit einer Sache sind, kommt uns nichts anderes als diese Sache in den Sinn. In der einen Hand ein Weinglas, den anderen Arm um eine Geisha geschlungen – da merken wir nichts von dem Floh, der uns zwickt. Für den Augenblick sind alle unsere Gedanken zur Seite gedrängt. Doch während Zazen sind wir uns dieses Flohs so bewusst, dass wir uns nicht zu helfen wissen. Denn dann sind wir nicht betäubt. Wir werden uns selbst durchsichtig und klar."

Ist es nicht natürlich, dass wir im Leben alle möglichen psychologischen Phänomene erleben?

Wir haben die verschiedensten Gedanken während Zazen und fragen uns, ob das denn in Ordnung sei. Diese Frage ist der Beweis, dass Zazen von reiner Natur ist, und dass uns diese reine Natur während Zazen ins Auge blickt. Denn wenn wir betrunken in der Unterwäsche herumtanzen, stellen wir uns keine Fragen.

In Zazen sind Buddha und Normalbürger vereint. Wenn wir uns während Zazen – gemessen an unserer ursprünglichen Buddhanatur – als ziemlich rohe Normalbürger erkennen, dann liegt das daran, dass wir mit den Augen Buddhas sehen.

Die „störenden" Gedanken stören nur den Normalbürger in uns.

Quengle nicht vor dich hin. Glotz nicht in die Gegend. Sitz einfach!

„Senshi übte mit Yakuzan dreißig Jahre lang, um diese eine Sache zu klären." (Shôbôgenzô Sanbyakusoku)
  Welche Sache? Die Tatsache, dass Zazen allein genügt.

13. An dich, der spirituell etwas erreicht hat

Wenn du sagst, Zazen sei gut für dich, stimmt etwas nicht. Unbeflecktes Zazen ist nichts Besonderes: Es ist nicht einmal nötig, sich dafür zu bedanken. Wäre es nicht seltsam, wenn ein Säugling zur Mutter sagte: „Bitte haben Sie Verständnis dafür, dass ich mir ständig in die Windeln scheiße!" Ohne zu wissen, unbewusst, ist alles in Ordnung. Wir dürfen unser Zazen nicht beschmutzen, indem wir sagen, dass wir weitergekommen sind, uns besser fühlen oder sicherer durch Zazen geworden sind.

Du sagst, es geht dir gut? Du meinst: Alles läuft wie am Schnürchen.

Wir sollten die ursprüngliche Natur einfach so lassen, wie sie ist, doch ständig planschen wir mit den Händen darin herum, um herauszufinden, wie kalt oder warm sie ist. So wird sie trübe.

Das Unangenehmste, was es gibt, ist, den Buddhadharma zu beflecken. „Beflecken" bedeutet, ein Gesicht wie ein Abteilungsleiter, Firmenchef oder Vorsitzender zu machen. Wenn diese Flecken fortgewaschen werden, bleibt nur: Einfach-Sein.

Bodhisattvas[25] „ohne magische Fähigkeiten": Das sind Menschen, die selbst Worte wie „Praxis" oder „Satori" ganz vergessen haben. Menschen ohne wunderbare Kräfte. Menschen, die sich nicht messen lassen. Menschen, denen es nicht um ihren Status geht.

Mit Zazen ist es nicht so wie mit einem Thermometer, auf dem allmählich die Temperatur ansteigt: „Noch ein klein bisschen ... Ja, jetzt ist es so weit, ich habe Satori!" Aus Zazen wird nie etwas Besonderes, wie lange du es auch praktizierst. Wenn es zu etwas Besonderem wird, muss sich bei dir eine Schraube gelockert haben.

---

[25] Ein buddhistischer Praktizierender, dessen Ziel die Erlösung aller anderen Lebewesen *vor* der eigenen Erlösung vom Leiden ist.

Es gibt Kerle, die sich auf ihr Zazen einiges einbilden. Sie erzählen dir, wie hoch sie die Temperatur auf ihrem Zen-Thermometer schon getrieben haben. Das geht an der Sache vollkommen vorbei. Du musst es einfach nur tun – das ist Zazen.

Das Gleiche gilt auch für Nenbutsu: Es wird nicht rezitiert, um später ins Paradies zu kommen. Nein, es wird einfach nur getan. Einfach das tun, was auch Buddha tut.

Wir können Zazen nicht anhamstern. Genauso hat auch Shinran Schluss gemacht mit dem „Nenbutsu", das sich anhamstern lässt. Praxis, die sich anhamstern lässt, wird in der Shin-Schule als „Anstrengung aus eigener Kraft" abgelehnt.

Auch Ehrlichkeit lässt sich nicht sparen nach dem Motto: „In jungen Jahren war ich so ehrlich, dass ich mich jetzt entschieden habe, ab und zu einmal etwas zu klauen ..."

Pass auf, sonst glaubst du noch, es ginge darum, den Buddhadharma wie eine Treppe zu erklimmen. Das ist nicht so. Jetzt, dieser eine Schritt: Das ist die eine Übung, die alle Übungen ist, und das sind alle Übungen, die die eine Übung sind.

Der Geist des Hinayana[26] herrscht da, wo zwischen „ich" und „anderen" unterschieden wird. Im Hinayana ist die „Befreiung" nur ein Fabrikat.

Du sagst, du seist „fertig" mit deiner Praxis – von einem religiösen Standpunkt aus gesehen gibt es nichts Alberneres als dieses „Fertig-Sein".

„Kastanienbäume und Gebete für ein besseres Leben nach dem Tod wachsen oft krumm."

---

[26] „Hinayana" (wörtlich „kleines Gefährt") ist eine vom Mahayana-Buddhismus (das „große Gefährt") gelegentlich gebrauchte abfällige Bezeichnung für eine ältere Schule des Buddhismus, die heute korrekt als Theravada bezeichnet wird. Während es das Ziel des Mahayana-Buddhisten ist, als Bodhisattva alle leidenden Wesen zu retten und selbst als Letzter ins Nirvana einzugehen, das nicht getrennt vom Samsara (der „Welt des Leidens") ist, versucht der Theravada-Buddhist, sich selbst aus der Welt des Leidens zu befreien, wobei das Nirvana als das Auslöschen dieses Leidens verstanden wird.

Weil du glaubst, dass du etwas Gutes tust, wenn du Buddhas Namen anrufst, ist dir nicht zu helfen. Genau wie dem, der glaubt, „Satori" zu haben. Deshalb sagt man in der Shin-Schule: „Reiß es in Stücke, reiß es in Stücke, reiß selbst den Geist, der in Stücke reißt, noch in Stücke!"

Das Erwachen zum Buddhadharma muss die gesamte Zeit und den gesamten Raum von Himmel und Erde ausfüllen. Ein oder zwei „Satoris", die wir uns wie Äpfel oder Birnen pflücken, sind weniger als ein Furz wert.

Tust du etwas Gutes, so bleibst du stecken in deinem Bewusstsein, etwas Gutes zu tun. Hast du ein „Satori", dann bleibst du stecken in dem Bewusstsein, „Satori" zu haben. Da ist es besser, von „Gutem" und „Satori" die Finger zu lassen. Du musst vollkommen offen und frei sein. Ruhe dich nicht auf irgendwelchen Lorbeeren aus!

Achtung: Fixiere dich auf keinen Standpunkt!

Ich kann so viel predigen wie ich will, die Normalbürger versuchen trotzdem, mit dem Buddhadharma ihren Wert als Menschen zu steigern.

Verkehrte „Praxis" führt zu verkehrtem „Satori" – alles klar?

Undenken bedeutet, das Kalkulieren einzustellen.

Im Buddhadharma müssen wir ein subtiles Verständnis der Unbeflecktheit entwickeln. Es gibt keine feste Grenze zwischen „Befleckheit" und „Unbefleckheit".

Wenn es einen Gegensatz zwischen „Reinheit" und „Schmutz" gibt, führt das zum Streit zwischen „Reinheit" und „Schmutz". Wirkliche Reinheit muss darüber hinausgehen.

Zazen ist gut. Denn Zazen ist die Gestalt des großen Todes.

14. An dich, der alles daran setzt, Satori zu bekommen

Wir praktizieren nicht, um „Satori" zu bekommen. Es ist Satori, das unsere Praxis zieht. Wir praktizieren, herumgewirbelt von Satori.

Wir suchen nicht nach dem Weg. Der Buddhaweg sucht nach uns.

Du lernst und treibst Sport, es geht dir um „Satori" und „Illusion" – so wird selbst Zazen noch zu einem Marathon für dich. Doch weil du versuchst, nach „Satori" zu greifen, greifst du daneben. Nur wenn du aufhörst, daran herumzufummeln, wird sich deine ursprüngliche, kosmische Natur verwirklichen.

Du redest von der Suche nach dem Weg, doch was bedeutet das, wenn es nur ein Weg ist, dich selbst zu befriedigen?

Du läufst dem Satori nach und der Illusion davon, so wie einer, der die gleiche Aktie ein- und verkaufen will.

Wenn du versuchst, durch Zazen zum „Buddha zu werden" oder „Satori zu erfahren", dann läufst du immer noch den Dingen hinterher. Zazen bedeutet genau damit aufzuhören: Du musst nicht „Buddha werden" oder „Satori erfahren".

Undenken bedeutet nicht: Nach Befriedigung suchen. Es bedeutet: Mit beiden Füßen fest verankert an diesem Ort stehen.

Du kannst den Buddhadharma nicht an dich reißen.

Zu sagen, dass wir „Gott erblicken müssen", ist – außerhalb einer speziellen Clique – genauso seltsam wie zu sagen, dass wir „Satori haben müssen".

Buddhadharma bedeutet nicht persönliche Zufriedenheit. Deshalb sagt ja auch Shakyamuni: „Ich und alles Lebendige auf der Erde erlangen gemeinsam den Weg. Berge Flüsse, Gräser und Bäume sind alle Buddha." Buddhadharma heißt nicht, zu versuchen, ein persönliches „Satori" zu bekommen.

Die Menschen wollen selbst Satori ganz für sich persönlich haben.

Buddhadharma bedeutet „kein Ich". Wir leben als Individuen. Doch wenn wir selbst beim Zazen noch versuchen, ein individuelles „Satori" zu bekommen, gehen wir falsch. „Kein Ich" ist nichts Individuelles. Du willst dein individuelles „Satori", Zufriedenheit nur für dich selbst. Glaubst du, dass es den Buddhadharma nur für dich alleine gibt?

Aufgepasst! Täusche dich nicht, dass deine Individualität das Allerwichtigste sei. Sonst vergisst du das ganze Universum.

Wenn ich „Satori" sage, glaubst du, dass ich ein privates „Satori" meine. Lass mich hinzufügen: Satori ist das, was man nicht einmal „Satori" nennen kann.

Du willst zum Buddha werden? Kraftverschwendung! Sei einfach du selbst, in jedem Augenblick. Wohin willst du, wenn du diesen Ort aufgibst?

Wenn du versuchst, durch Zazen zum Buddha zu werden, erinnert mich das an einen, der auf der Heimreise im Zug zu rennen anfängt – in der Hoffnung, noch schneller nach Hause zu kommen.

Durch Praxis zum „Satori" gelangen – so stellt es sich die Welt vor. Doch in welchem Sutra steht das geschrieben? Kein Buddha ist durch Anstrengung zum Buddha geworden. Buddhas waren von Anfang an Buddhas.

Wir fangen nicht jetzt mit der Praxis an, um später „Satori" zu bekommen. Jeder Mensch ist schon seit ewigen Zeiten ein Buddha, dem es an nichts fehlt. Wir haben das bloß irgendwann einmal vergessen, sind in die Irre geraten und veranstalten jetzt ein großes Theater. Praxis bedeutet nur, den Buddha zu praktizieren, der wir schon immer waren.

In der Tradition der Buddhas und Patriarchen bedeutet einfaches Sitzen: Nicht danach trachten, ein Buddha zu werden! Wenn du nach einem Buddha oder Satori außerhalb von Zazen greifst, dann machst du ein Kultobjekt daraus. Buddhistische Praxis bedeutet, Buddha in die Praxis umzusetzen. Wenn du Buddha irgendwo anders als in der Praxis selbst suchst, dann läufst du einem Götzen nach.

„Was bedeutet der Buddhaweg? Er bedeutet, Buddha zu werden!"
   Lüge! Buddhaweg bedeutet, den Buddhaweg zu praktizieren.

Zazen bedeutet, einfach zu sitzen, ohne auch nur daran zu denken, ein Buddha zu werden.

Wenn du Zazen übst, erlangst du den Weg, auch wenn es dir nicht so vorkommt.

Der Titel des *Lotussutras* ist eigentlich: „Sutra der Lotusblume des wunderbaren Dharmas". Im wunderbaren Dharma sind Ursache und Wirkung eins. Praxis und Satori sind eins. Dies wird mit der Metapher der Lotusblume erklärt: Die Lotusblume enthält Samen. Wenn du einen der Samen öffnest, sind da bereits die nächsten Blätter. Und ein Stängel ohne Zweige. Das ist das Prinzip des Zazen im Buddhadharma. Wir nähern uns durch Praxis nicht allmählich dem „Satori". Praxis ist bereits Satori. Wir praktizieren Satori. Wir sitzen das Zazen der Buddhas und Patriarchen.

Wir kommen nicht durch Praxis zum Satori: Praxis *ist* Satori. Jeder einzelne Schritt *ist* das Ziel.

Ewiges Satori erscheint nur in der Praxis dieses Augenblicks. Deshalb heißt es im *Lotussutra: „Ein junger Vater zeugt ein altes Kind."*
   Mit anderen Worten: Die frische Übung dieses Augenblicks manifestiert ewiges Erwachen.

Deine Praxis muss aufs Ganze gehen. Wen interessiert schon, ob am Ende ein „Satori" als Belohnung auf dich wartet oder nicht?

Den meisten Menschen ist die Seele abhanden gekommen. Sie bewegen sich nur, wenn sie ihren Tagelohn dafür bekommen. Sie tun nichts, solange sie nicht dafür gelobt werden. Wenn man ihnen kein „Satori" als Belohnung vor die Nase hält, wollen sie nicht praktizieren. Sie haben keine Seele. Das gilt nicht nur für das Mädchen aus dem *Mumonkan* (Kôan 35), das seine Seele verloren hatte.

Seigen Gyôshi fragt den sechsten Patriarchen: „Welche Praxis geht über Ränge und Stufen hinaus?" In der Welt gibt es stets Ränge und Stufen: Arme und Reiche, Wichtige und Unwichtige. Das, was darüber hinausgeht, ist der Buddhadharma. Der sechste Patriarch erwidert: „Was hast du denn die ganze Zeit über getan?!" Seigen antwortet: „Ich praktiziere noch nicht einmal die noblen Wahrheiten." Das heißt also, er hat noch nicht einmal Satori! Der sechste Patriarch drückt sein tiefes Einverständnis aus: „Wenn du noch nicht einmal die noblen Wahrheiten praktizierst, welche Ränge und Stufen könnte es da noch geben?" (*Keitoku Dentôroku*, 5. Kapitel)

Im Zazen gibt es keine Besseren und Schlechteren, keine Ränge und Stufen. Nur das „Zazen", bei dem es darum geht, „Satori" zu bekommen, kennt Ränge und Stufen.

Ein Mensch hat „Satori": Das ist eine Geschichte für die Menschen.
Das, was sich Menschen nicht erzählen, ist Zazen.

Wenn Körper und Geist abfallen, dann verschwinden deine „individuelle Praxis" und dein „individuelles Satori".

Es scheint Leute zu geben, die versuchen, den Buddhadharma in den Dienst des Menschen zu stellen. So wie sich alle Welt versucht weiterzubilden, so versuchen sie sich mit ihrer Praxis selbst zu verbessern und „Satori" zu bekommen. Dabei ist doch klar, dass es kein Abfallen von Körper und Geist geben kann, solange du nicht diese Kraftanstrengung aufgibst.

Wenn du versuchst, aus eigener Kraft ins Paradies zu kommen, musst du vierundzwanzig Stunden täglich Amithaba Buddhas Namen anrufen. Doch was tust du, wenn du schläfst? Wenn dir da die Puste ausgeht, fällst du dann in die Hölle? Nein, Buddhas Namen anzurufen bedeutet, ihn in der Gewissheit anzurufen, vom Licht des Tathagata, das das ganze Universum durchdringt, umfangen zu sein, ohne dass es je möglich wäre, daraus hinauszufallen. Wenn du Buddhas Namen anrufst oder Zazen praktizierst so wie einer, der eine Ware am Fließband produzieren will, dann ist das nichts wert.

Buddhadharma ist ungreifbar. Du darfst nicht danach greifen, du musst loslassen. Wenn du daran festhältst, fällst du in die Hölle. Wonach greifst du denn? Alles, was sich greifen lässt, ist Pferdescheiße. Weil du versuchst, dir die Dinge zu eigen zu machen, verlierst du dich im Treiben der vergänglichen Welt.

Der Buddhadharma ist stets ungreifbar, da gibt es nichts zu gewinnen. Doch weil du immer nach etwas mehr suchst, gehst du in die Irre.

Dass es „Illusion" oder „Satori" gibt, ist das Gerede der Welt – das, was sich greifen lässt. Buddhadharma ist das, was sich nicht greifen lässt – Buddhadharma „existiert" nicht.

Bei der Praxis des Buddhaweges gibt es weder Illusion noch Satori. „Illusion" und „Satori" sind Gesprächsstoff für Menschen. Zwischen Illusion und Satori zu unterscheiden, ist Menschenwerk. Doch sinnliche Wahrnehmung ist nicht mehr als sinnliche Wahrnehmung, unterscheidendes Urteilen ist nicht mehr als unterscheidendes Urteilen – es ist nicht der Buddhadharma. Buddhadharma bedeutet nicht, die „Illusion" zu vernichten, um „Satori" zu bekommen. Zazen bedeutet, den Dingen weder nachzulaufen noch vor ihnen davonzulaufen.

Buddhadharma ist grenzenlos. Wenn du diese Grenzenlosigkeit nicht verstehst, wirst du den Buddhismus nicht verstehen. Apropos: Dieses „Verstehen" oder „Nicht-Verstehen" selbst ist weit entfernt vom Grenzenlosen. Deshalb gibt es keine „Illusion" außerhalb des Satori, und kein „Satori" außerhalb der Illusion.

15. An dich, der du mit Satori hausieren gehst

Warum tätowierst du es nicht auf deinen Körper: „Ich habe Satori!"?
 Wenn du dir deines Magens nicht bewusst bist, ist das der beste Beweis eines gesunden Magens. Wenn du dein „Satori" nicht vergessen kannst, ist genau das der Beweis, dass du keins hast.

Wenn du glaubst, dass du etwas Besonderes bist, weil du „Satori" hast, gehst du nur mit deinem Fleischsack hausieren.

Wenn ein Normalbürger „Satori" hat, nennt man ihn einen Zenteufel. Und zwar deshalb, weil er sich für ein besonderes Individuum hält.

Wenn von „Satori" die Rede ist, bedeutet das oft nur, dass ein Teufel magische Kräfte erworben hat.

Wenn du weißt, dass du etwas Schlechtes tust, dann kann man dir noch helfen. Doch wer von seinem „Satori" plaudert, hält das nicht einmal für etwas Schlechtes. Unheilbar!

Es gibt Leute, die von der ganzen Familie getadelt werden und trotzdem glauben, dass sie allein im Recht sind. Wenn du glaubst, dass du allein im Recht bist, liegst du falsch. Und wie viel mehr noch die Zen-Laien, die sich mit ihrem „Satori" aufblähen, während sie von ihrer Familie gehasst werden.

Keiner Illusion ist so schwer beizukommen wie dem „Satori".

Gon-yô Sonja fragt Jôshû: „Wie steht es, wenn kein einziges Ding mehr erscheint?" Er versucht damit zu imponieren, dass er vollkommen eins mit der Leere ist und nichts mehr hat, an dem er haftet.
 Jôshû antwortet: „Lass los!"
 Gon-yô sagt: „Da es nichts mehr gibt, an dem ich haften könnte, was soll ich da loslassen?"
 Joshu erwidert: „Wenn es so ist, dann trag deine ‚Losgelöstheit' eben mit dir auf den Schultern herum!"

Wir dürfen uns mit unserer Praxis nicht in die Brust werfen. Es ist doch klar, dass ein „Satori", mit dem sich einer in die Brust wirft, eine Lüge ist.

Oberflächliche Menschen merken nicht, dass sie etwas Falsches tun, bis sie von der Polizei dabei erwischt werden. Normalbürger merken nicht einmal, dass sie in einer Illusion leben.

Du brauchst wache Sinne. Wirkliches Satori bedeutet, dein ungeschminktes Gesicht zu zeigen. Es bedeutet, zu klaren Sinnen zu kommen. Je mehr du dich besinnst, desto genauer erkennst du auch deine Fehler.

Plötzliches, großes Erwachen ist der Bankrott aller alten Vorstellungen: Wie zum Beispiel „Satori" oder „Illusion".

Wie sehr unterscheiden sich Illusion und Satori überhaupt? Tatsächlich ist es ein und dieselbe Sache, über die wir uns Illusionen machen und zu der wir erwachen (das heißt: „Satori haben").

Satori ist die Manifestation des Buddhadharmas. Die Besonderheit des Buddhismus liegt darin, dass alle Buddhas und alle leidenden Wesen von derselben Natur sind. Unsere Buddhas leben nicht im Jenseits.

Wenn wir nicht bis dahin vordringen, wo es keine Kluft zwischen uns und Buddha gibt, an den Ort, an dem es überhaupt gar nichts mehr gibt, dann werden wir irgendwann anfangen zu zögern, müde werden und stecken bleiben.

Wo bist du wirklich zu Hause? Du bist allein, ohne Weggefährten. Wohin du auch blickst, kein anderer Mensch! Du musst an den Ort finden, den nur du und du allein erreichen kannst.

Wenn die große Sache lebenslanger Übung zum Ende kommt, dann wird der Buddhaweg zur Realität. Du musst dir den Buddhaweg einverleiben.

Satori ist *nicht* das Ende der Illusion.

Buddhadharma ist unfassbar: Wenn du sagst, dass du „Satori" hast, bist du schon darüber hinausgeschossen. Wenn du dagegen sagst, dass du noch kein „Satori" hast, dann bist du noch nicht ganz angekommen.

Großes Satori ist die konkrete Realität.

Es ist verkehrt, von Stufen der Praxis zu sprechen. Praxis = Satori.

Nur Zazen. Nur Nenbutsu. Dieses „nur" kommt dem Normalbürger nicht genug vor. Er will noch etwas für seine Praxis zurückbekommen.

Wichtig ist dieses „*nur*". Es einfach tun. Zu welchem Zweck? Zu keinem Zweck! Es gibt da kein Trinkgeld – nur Tun.

Ein Mönch fragt Ryûge: „Was haben die alten Meister begriffen, das ihnen die Ruhe des Geistes verleiht?"
 Ryûge sagt: „Es ist wie mit einem Dieb, der in ein leeres Haus einbricht."
 Wenn ein Dieb in ein leeres Haus einbricht, braucht er nichts zu stehlen. Er braucht sich auch nicht davonzumachen. Da ist niemand, der ihn jagen würde. Überhaupt nichts. Du musst dir dieses „da ist überhaupt nichts" vollkommen klar machen.

Satori ist wie ein Dieb, der in ein leeres Haus einbricht. Er bricht ein, doch da gibt es nichts zu klauen. Kein Grund zu fliehen. Niemand, der ihn jagt. Deshalb ist da auch nichts, was zufriedenstellen würde.

„Satori"? Du solltest nicht mit einem so abgegriffenen Wort herumhantieren!

Du redest von „Satori", aber was du da für „Satori" hältst, ist furchtbar klein. Es ist ein Bewusstseinsproblem: Erweitert sich dein Bewusstsein ein wenig, dann kannst du dich vergewissern, dass da gar nichts ist.

Satori findest du überall auf der Welt, so wie die Luft, die wir täglich atmen. Wir „bekommen" Satori nicht in der Zukunft.

Shakyamuni Buddha behauptet nirgends, dass er allein Satori hat. Er sagt, dass alle Lebewesen gemeinsam den Weg verwirklichen. Doch so ein kollektives Satori ist den Menschen nicht genug. Jeder will ein persönliches Satori, so wie eine individuelle Belohnung. Das heißt, jedem geht es letztendlich nur um sich selbst.

Manchmal flehen mich Leute an, ihr Verständnis der Lehre für richtig zu erklären. Solange du andere nach ihrem Einverständnis fragen musst, bist du nicht echt. Es gibt sogar welche, die glauben „Satori" zu haben, nur weil ein anderer ihnen eine Urkunde dafür gegeben hat! Wenn du selbst an den Ort gelangt bist, um den es hier geht, wozu andere noch nach der Richtung fragen?

Du hörst, dass Wein betrunken macht, also spielst du einen Betrunkenen und glaubst am Ende, dass du tatsächlich Wein getrunken hast? Das ist auch eine Form von „Satori".
„Satori" wird zur Technik. Buddhadharma und der Geist der Gelassenheit sind keine Technik.

Praxis ohne Besonderheiten ist wie ein Kinderspiel. Es ist falsch, Satori zu deiner persönlichen Besonderheit machen zu wollen.

Du musst dich nicht abmühen, um Satori zu bekommen. Du musst nur natürlich sein.

Natürlich sein – da bleibt dir nichts, als Zazen zu üben.

16. An dich, so stolz auf Wissenschaft und Kultur

Du darfst nicht vergessen, dass sich die gegenwärtige Wissenschaft und Kultur nur auf der Grundlage unserer niedrigsten Triebe entwickelt haben.

Kultureller Fortschritt: Ist das nicht nur eine Verfeinerung unserer Triebe? Wie sehr wir uns auch bemühen, die Falten unserer Triebe auszubügeln, vom Buddhismus aus betrachtet hat das mit kulturellem Fortschritt nichts zu tun. Alles redet von Fortschritt, doch ich frage mich: In welche Richtung schreiten wir eigentlich fort?

Die Welt redet von Kultur, doch was ist damit eigentlich gemeint? Profane Musik, erotische Tänze, pornographische Literatur – das reinste Barbarentum. Wir stacheln die Triebe an, und dann beschweren wir uns über die Jugend heutzutage: „Wer kümmert sich eigentlich noch um Erziehung?"

Glaube[27] bedeutet Klarheit und Reinheit – wir müssen zur Ruhe kommen.

Alles redet von Kunst, doch was ist schon dabei? Männer und Frauen aneinander festgesaugt. Was ist das anderes als eine Stimulation unseres Sexualtriebs?

Keine Kreatur ist so unehrlich wie der Mensch. Als „Gourmet" drängt er sich am Fresstrog, beim Gesellschaftstanz buhlt er um die Weibchen. Er forscht für die Wissenschaft und schießt mit Wasserstoffbomben.

Wenn du Insekten in einer Kiste beobachtest, siehst du, wie sie sich mit Leibeskräften aneinander festbeißen. Wie amüsant muss es sein, die Menschen aus einer Ecke des Universums dabei zu beobachten, wie sie mit Atom- und Wasserstoffbomben aufrüsten.

Ein Idiot, der sich klug aufspielt: Der Mensch.

---

[27] Glaube (jap.: *Shin*) ist ein Begriff, der auch als „Vertrauen", „Gelassenheit", „Eins-Sein" oder „Lauterkeit" übersetzt werden kann. Weniger als „für wahr halten" bedeutet Glaube bei Sawaki „etwas durch Einswerden vollkommen klären".

Die Menschen lieben es kompliziert. Selbst wenn wir versuchen, die Dinge so einfach wie möglich zu gestalten, werden sie kompliziert. Und immer wieder gibt es Leute, die sich anstrengen, alles noch komplizierter zu machen.

Die moderne Welt bietet ihre gesamte Weisheit auf, nur um in eine Sackgasse zu rennen.
Weisheit bedeutet, über eine gründlich fundierte Urteilskraft zu verfügen.

Die Menschen von früher waren auch nur Idioten: Sie verschwendeten ein Vermögen von Geld und Anstrengungen, um Burgen zu bauen – und wozu das Ganze? Um sich darum zu zanken. Heute sind die Leute noch dümmer: Sie bauen Atom- und Wasserstoffbomben, um die Menschheit mit einem Knopfdruck auslöschen zu können.

Wie kommt es, dass die Menschheit als solche, gemessen am Fortschritt von Wissenschaft und Technik, überhaupt nicht fortgeschritten ist?

Die Amerikaner sind nur Normalbürger, die Russen sind Normalbürger, die Chinesen ebenfalls Normalbürger. Normalbürger, die verzweifelt mit Normalbürgern wetteifern. So groß das Volumen auch sein mag, Schlacke bleibt Schlacke.

Wissenschaft kann auf den Ergebnissen anderer aufbauen, daher schreitet sie ständig fort. Doch die Menschen selbst können nicht auf das Leben anderer aufbauen, daher schreiten sie nicht fort. Deshalb sehen wir überall hilflose Grünschnäbel mit tödlichen Waffen umherfuchteln – und das ist gefährlich!

Ein Idiot sitzt vor der Rechenmaschine, ein Schwachkopf im Cockpit des Düsenfliegers, ein Irrer am Schaltbrett der Atomraketen – das ist unser gegenwärtiges Problem.

Der Buddhadharma lebt nicht vom Erbe anderer. Dass die Wissenschaft fortschreitet, liegt daran, dass sie vom Erbe vorangegangener Generationen profitiert. Dem Buddhadharma geht es umgekehrt darum, Schluss zu machen mit dieser Einstellung, sich mit dem Erbe der anderen durchschlagen zu wollen.

Mit Atom- und Wasserstoffbomben kannst du höchstens deine Freunde retten, doch nicht deine Feinde. Nur Zazen vermag es, sowohl Freunde als auch Feinde zu retten.

Alles sorgt sich um die Menschheit, dabei geht es darum, dieser „Menschheit" einmal den Hals umzudrehen und alle zu Buddhas zu machen.

Was den Menschen dient, führt nur in die Sackgasse.

Die Menschen verhandeln über den Marktwert der Dinge, doch auf diesen Marktwert ist kein Verlass. Dinge, über deren Marktwert gestritten werden kann, sind nützliche Fabrikate. Buddha ist kein „nützliches Fabrikat".

Das chinesische Schriftzeichen für „Falschheit" bedeutet: „Vom Menschen fabriziert". Was man heute Kultur nennt, ist nichts anderes als eine Fabrikation des Menschen. Sie hat keinen Bestand. Sie spinnt die Fabrikation nur pausenlos weiter. Deshalb ist Kultur eine Tragödie. Worauf ist wirklich Verlass? Nur auf das Leben selbst, das in allen Richtungen unbegrenzt ist.

Die Erfindungen und Ideen der Europäer sind nur Spielereien, die mit dem Leben selbst nichts zu tun haben.

Wenn wir Marx und Engels in Ruhe lesen, stellen wir fest, dass es ihnen nur um die Aufteilung des Fresstroges geht.

Selbst wenn die ganze Menschheit kommunistisch würde, hätten wir doch nur ein endloses Gezanke, solange nicht jeder Einzelne von uns wirkliche Freiheit erreicht. Solange nicht jeder Einzelne wirklich frei ist, kann auch nicht jeder Einzelne zu echter Zufriedenheit gelangen.

17. An dich, der mit den anderen nicht auskommt

Alles redet von der eigenen Meinung, doch wen interessiert das? Halt einfach die Klappe!

Du sagst: „Für wen hältst du mich eigentlich?!" Für einen Normalbürger, was sonst? Einer bildet sich etwas auf seinen Reichtum ein, ein anderer auf Rang und Namen, wieder ein anderer auf sein Satori. Wie dumm es doch ist, sein Normalbürgertum so zur Schau zu stellen.

Es gibt immer einen Gedanken, den die Menschen nicht vergessen wollen: Die Reichen denken an ihr Geld, die Streber an ihre Noten, die Athleten an ihre Muskeln. Dieser Gedanke steht ihnen bei allem, was sie tun, im Weg.

Weil du dir nur um diesen einen Fleischsack Sorgen machst, hältst du dich für reich oder schön oder was auch immer. Doch wenn du stirbst, wird das alles Eins sein. Dann gibt es kein Privateigentum mehr.

Du versuchst, dein „Ich" voranzubringen. Die Frage ist nur, wie viele Jahre du damit durchhältst. Spätestens wenn du stirbst, wird dein Körper zur Ware.

Derselbe Mond erscheint mal als lachender, mal als weinender Mond. Oder du bewunderst ihn einfach bei einem Glas Reiswein. Welchen Mond du auch betrachtest, du siehst nur, was deiner karmischen Wahrnehmung entspricht. Nichts davon ist wirklich.

Dieselbe Zeitung wird von allen anders gelesen: Einer sucht zuerst nach den Aktienkursen, ein anderer nach dem Sportteil. Einer liest den Fortsetzungsroman, ein anderer interessiert sich nur für die Politik. Sie unterscheiden sich so sehr in ihren menschlichen Gefühlen und Gedanken, weil jeder in seinem persönlichen, differenzierenden Bewusstsein feststeckt. Nur außerhalb dieses unterscheidenden Bewusstseins offenbart sich eine Welt, die von allen geteilt wird. Nur diese Welt haben sich die Menschen nicht ausgedacht, denn nur sie entspringt nicht einem persönlichen Standpunkt. Je mehr Menschen nachdenken, desto mehr täuschen sie sich über die Welt.

Du sagst: „Ich habe es mit eigenen Augen gesehen!" Dabei ist nichts ist so unzuverlässig wie deine Augen. Es sind bloß die Augen eines Normalbürgers.

Du täuschst dich, wenn du glaubst, dass die Welt, so wie du sie gerade siehst, Realität ist. Jeder sieht nur, was seiner persönlichen karmischen Wahrnehmung entspricht. Ein Kater sieht etwas anderes als ich, und worüber denkt erst eine Bazille nach, die nur den winzigsten Teil einer Klofliege wiegt? Sicher nicht über dasselbe wie ich. Die Bazille und ich haben eine andere Welt- und Lebensanschauung. Die wirkliche Welt erscheint erst dann, wenn wir mit all diesen karmischen Anschauungen Schluss machen.

Die Köpfe der Menschen sind alle erstarrt. Jeder „Ismus" ist eine Art von Erstarrung. Dass wir den Buddhadharma nicht erkennen, so nah wir ihm auch sind, liegt an dieser Erstarrung.

Du kreischt: „Frieden, Frieden!", doch wenn du still wärst, wäre es viel friedlicher. Du sagst: „Meiner Meinung nach ..." – doch wenn deine Meinungen und Theoriengebäude ins Spiel kommen, fängt das Gezanke erst an.

Die Menschen lassen sich von den Gesetzen ihrer Zeit an der Nase herumführen, wenn sie glauben, dass es Gut und Schlecht gibt. Früher war Blutrache legal, heute ist sie illegal. Früher war Ehebruch illegal, heute ist er legal.

Wir glauben stets, dass es zwei Seiten gibt: Gutes und Schlechtes, Angenehmes und Unangenehmes, Richtiges und Falsches. Doch gibt es wirklich zwei Seiten? Nein, es gibt nur eine Wirklichkeit. Und selbst die ist leer.

Es gibt keine zwei Dinge im Universum. Wenn wir Angenehmes und Unangenehmes, Gutes und Schlechtes, Richtiges und Falsches trennen, dann liegt das an unserer persönlichen, karmischen Wahrnehmung. Unsere Standpunkte unterscheiden sich, das ist alles.

Glück und Unglück, Freude und Leid, das ist karmische Wahrnehmung und unterscheidet sich von Mensch zu Mensch. Das Problem ist, dass alle nur das für wirklich halten, was sie selbst sehen. Die Oma predigt den Enkelkindern das, was sie für wahr hält, und nicht das, was wirklich wahr ist.

Wenn du den Mund aufmachst, stellst du damit nur deine Illusionen zur Schau. Du redest auf Grund deines Karmas und deiner Illusionen. Der Geist eines Idioten offenbart sich in seinen Worten, die Worte des Weisen offenbaren sich in seinem Geist.

Die Menschen sollten einfach natürlich sein, doch sie versuchen ständig, auch diese Natürlichkeit noch in einen Rahmen zu quetschen. Und weil alle ihren eigenen Rahmen haben, kommt es nie zu Einigkeit.

Alle haben ihr eigenes Bewusstsein. Niemandes Bewusstsein gleicht dem eines anderen. Es ist vollkommen individuell und verschieden.

Was wir für unser „Selbst" halten, lässt sich nicht fixieren: „Mein Geist ist so und so ..." – so einen Geist gibt es nicht. Wäre ich kein Zenmönch, dann würde ich heute nicht über den Buddhadharma sprechen. Wahrscheinlich wäre ich ein Yakuza-Boss geworden, der sich so ausdrückt: „Ich nehm' dir die Eingeweide aus, Schweinehund!"

Seit den Anfängen der Menschheitsgeschichte hat das Gezanke kein Ende genommen. Die größten Kriege haben ihren Grund in unserem zankenden Geist. Krieg ist die ungenierteste Form, sich gegenseitig umzubringen.

So wie eine Fliege Bakterien überträgt, so überträgt der Krieg Epidemien und Kultur.

„Jeder von uns ist nur ein fehlbarer Mensch"[28]. Da es nur Normalbürger sind, die sich bekriegen, sind sie alle im Unrecht, sowohl Freund als auch Feind. Gewinner wie Verlierer sind beide nur Normalbürger. Wie traurig, sich die Konflikte in der Welt anzusehen: Da fehlt es an gesundem Verstand. Ein Hitzkopf schwingt ein Schwert, ein anderer ballert mit dem Gewehr in die Gegend.

Die Welt wird vom Karma herumgewirbelt. Wir produzieren Karma, weil unser Handeln in der Ignoranz wurzelt.

Ein plötzlicher Regenschauer unterbricht den Streit über die Bewässerung der Reisfelder. Da es bei dem Streit um nichts als das Wasser in den Feldern geht, löst der Regen alle Probleme. Eine schöne Frau und ein Schwammkürbis – wie unterscheiden sie sich schon, wenn sie erst achtzig sind? Ursprünglich ist alles leer und klar.

---

[28] Zehnter Artikel aus der 17-Artikel-Verfassung des Shôtoku Taishi (aus dem Jahr 604).

18. An dich, der du keine Zeit hast

Die Menschen machen sich Stress, um der Langeweile zu entfliehen.

Alle klagen darüber, so beschäftigt zu sein, dass sie gar keine Zeit mehr haben. Warum aber sind sie so beschäftigt? Es sind bloß ihre Illusionen, die sie beschäftigt halten. Wer Zazen übt, hat Zeit. Wer Zazen übt, muss versuchen, mehr Zeit zu haben als jeder andere.

Wenn du nicht aufpasst, fängst du an, einen großen Wirbel um die täglichen Brötchen zu machen. Ständig bist du in Eile, aber warum? Wegen der täglichen Brötchen. Auch die Hühner picken hastig nach ihrem Futter, doch wofür? Nur um von den Menschen gefressen zu werden.

Wie viele Illusionen macht sich ein Mensch während seines Lebens? Es ist gar nicht auszurechnen. Tagein, tagaus: „Ich will dies, ich will das ..." Ein einziger Spaziergang bringt fünfzig- bis hunderttausend Illusionen mit sich. Das heißt es, sich beschäftigt zu halten: „Ich will bei dir sein, ich will zurück nach Hause, ich will dich sehen ..."

Die Menschen sind außer Atem, so sehr rennen sie ihren Illusionen nach.

„Fort von hier, hinüber auf die andere Seite. Raus aus dem Samsara, hinein ins Nirvana." Diese Einstellung nenne ich das „Treiben im Karma".

Die Entwicklung der Verkehrstechnik hat die Welt kleiner gemacht: Wir rasen mit dem Auto herum, doch wohin geht die Fahrt? Ab in die Spielhölle! Wir geben Gas, um Zeit totzuschlagen.

Es gibt Leute, die mit *Mahjong* die ganze Nacht durchmachen, nur um am nächsten Morgen Vitamintabletten zu schlucken und mit verquollen Augen zum Dienst zu eilen.

Die große Aufregung in der Welt will sich niemals legen. Was kann man angesichts der Normalbürger anderes tun, als resigniert mit den Schultern zu zucken?

„Dies muss ich machen, das muss ich machen – ich habe gar keine Zeit!" So treibst du dich in die Neurose. Was solltest du anders machen? Überhaupt nichts. Sei einfach ruhig.

In alten Kôans heißt es oft: „Woher kommst du?" Hier wird nicht nach dem Ort im Raum gefragt. Woher kommst du? Wenn du geil auf Sex bist, ist dein Ort die „Geilheit". Bist du gierig auf Geld, dann ist die Geldgier deine Heimat. Wenn du sagst: „Bitte empfehlen Sie mich weiter!" – dann kommst du aus dem Ort der Karrieresucht.

Zazen bedeutet, keine „Menschen-Arbeit" zu verrichten.

Großunternehmer und Politiker klagen darüber, wie beschäftigt sie sind. Dabei finden sie aber trotzdem die Zeit, sich um ihre ein oder zwei Geliebten zu kümmern. Die Frage ist einfach, was dir wirklich wichtig ist.

Deine Flucht kennt kein Ende, deine Jagd kennt kein Ende. Erst wenn du ohne zu Murren in diesem Moment sitzt, wirst du erkennen: Nichts ist wertvoller als ein Leben, das in der Lotus-Haltung wurzelt.

Das Treiben in der Welt ist wie das Treiben der Wolken im Ungeist. Es geht nicht darum, schneller zu treiben. Alles bewegt sich im Ungeist.

Alles beruht auf gegenseitiger Wechselwirkung, es gibt keine Substanz. Das ist so wie mit Wolken: Weder „existieren" die, noch existieren sie „nicht". Trotzdem existieren sie, aber sie existieren auch nicht. Und darüber zerbrechen sich alle den Kopf.

Wenn du – innerhalb von Zazen – die vergängliche Welt vergegenwärtigst, bereicherst du damit den Dharma und das Leben. Wenn du dich bloß innerhalb der Welt abrackerst, wird *das* dein Leben nicht bereichern.

19. An dich, von der Karriereleiter gepurzelt

Wenn du nach dem Tod noch einmal über das Leben nachdenkst, wirst du erkennen, dass alles gleich ist.

„Hör auf zu heulen! Schade um die Tränen!" Als Erwachsener solltest du erkennen, dass es nichts gibt, über das du dich aufregen musst. Die Menschheit macht ein großes Theater um Kinderkram.

Alle Welt macht ein Theater um nichts. Warum das Ganze? Lohnt es sich wirklich, so ein verheultes Gesicht zu machen?

Manchmal sagen die Schauspieler im Theater: „Was soll ich nur tun, was soll ich nur tun?" Ich selbst habe mir diese Frage nie stellen müssen. Denn ich sage mir: „Ist doch alles eins!"

Glück und Pech, Gut und Schlecht: Es ist nicht alles so, wie es aussieht. Es ist auch nicht alles so, wie du denkst. Du musst über Glück und Pech, Gut und Schlecht hinausgehen.

Die Welt windet sich in ihrem Karma.

Die Menschen verstehen nur die Welt, die sie durch das Fenster ihrer karmischen Illusionen erspähen können. Die wahre Welt beginnt an dem Punkt, an dem wir Schluss machen mit der Welt, so wie sie sich vom menschlichen Standpunkt aus darstellt.

Wir müssen über die Welt des Karmas hinausgehen, anstatt uns in ihr abzuplagen.

Wir reden von unserem Leid und Kummer, aber woraus bestehen eigentlich unser Leid und Kummer? Ist das nicht so wie mit einem, der seinen eigenen Furz mit der Hand einfängt, daran riecht und ausruft: „Pfui, wie das stinkt!" Je besser es einem geht, desto mehr beschäftigt er sich mit seinen Fürzen. So jemanden müssen wir erst einmal mit wirklichem Leiden vertraut machen. Sich aus Seelenqual aufzuhängen oder ins Wasser zu gehen – ist das nicht ziemlich abgehoben?

Dein Leiden ist nicht mehr Leiden, als du daraus machst. Manche verwenden ihre ganze Mühe darauf, das eigene Leiden zusammenzuschmieden.

Die Gemüter der Menschen werden stets von Wind und Wellen bewegt. Wind und Wellen schriftlich festzuhalten und zu verkaufen ist ein seltsames Gewerbe, genannt: Literatur.

Weil du alles auf dich selbst beziehst, sieht es wie ein großes Problem aus. Wo kein Gemüt ist, da sind auch keine Probleme.

Nur weil du das, was du akzeptieren *musst*, nicht akzeptieren *willst*, quälst du dich.

Glauben ist dasselbe wie Undenken: Akzeptanz. Was akzeptieren? Akzeptanz bedeutet nicht einfach, dem Stärkeren nachzugeben.

Satori ist das gelassene Akzeptieren der Notwendigkeit. Großes Satori heißt, die Notwendigkeit *als Notwendigkeit* klar zu erkennen. Denn Notwendigkeit ist in den Kosmos eingebunden.

Du hast Angst vor dem Tod? Keine Sorge: Du stirbst schon!

20. An dich, der gerne Gespenstergeschichten hört

Manche Leute fragen mich, ob es Gespenster wirklich gibt. Wer sich über so etwas den Kopf zerbricht, den nenne ich ein Gespenst.

Es heißt, dass die Toten als Gespenster erscheinen, aber das geht auch nur, solange es Lebende gibt. Wenn die Lebenden erst einmal alle tot sind, dann werden ihnen auch keine Gespenster mehr erscheinen. Die Toten sind Werkzeuge der Lebenden, heißt es in der Yogacara-Philosophie.

Einer sagt, er habe einen Geist gesehen, ein anderer erfuhr von jemandes Tod im Traum: Was sind das schon mehr als einzelne Szenen im Theater der Vergänglichkeit?

Ist nicht alles eine Halluzination? Und nur weil wir diese Halluzination nicht als Halluzination erkennen, treiben wir herum durch Leben und Tod.

Alle träumen – das Problem sind nur die Unterschiede zwischen den jeweiligen Träumen.

Wenn du träumst, ist dir nicht klar, dass du träumst. Es tut weh, wenn einer dir in die Backe kneift, doch dieser Schmerz ist auch nur ein Traum. Ein Traum leistet dem nächsten Gesellschaft, deshalb erkennst du den Traum nicht als Traum.

Die Unterhose hängt zum Trocknen am Ast. Jemand sieht sie und glaubt, einen Geist zu erblicken. Du meinst, so etwas komme in Wirklichkeit kaum vor? Aber ja doch, denn wenn wir denken: „Ich brauche Geld", „Ich will Minister werden", „Ich will vorankommen", halten wir da nicht auch eine Unterhose für eine Geistererscheinung?

Alle reden von der Realität, aber die ist auch nur ein Traum. Das ist nicht mehr als die Realität innerhalb eines Traums. Wenn von Revolution und Krieg die Rede ist, glauben wir, dass da etwas ganz Besonderes los ist, aber was ist das mehr als ein Sich-Winden im Traum? Wenn du stirbst, erkennst du deinen Traum. Wer nicht während dieses Lebens mit seinem Traum aufräumt, ist ein Normalbürger.

Für Träume können wir weder Pläne schmieden noch Probe halten. Genauso ist auch der Dharma Traum, die Lehre Traum. Ein Traum lehrt einen Traum in einem Traum.

Da hat mal irgendeiner beim Harakiri folgende Verse verfasst: „Was schlägt und was geschlagen wird – nachdem sie gemeinsam zu Grunde gegangen sind, kehren sie zum selben Dreck und zur selben Erde zurück." Beim Harakiri kommt diese Einsicht etwas zu spät. Soll heißen: Selbst bevor wir zu Grunde gehen, sind wir derselbe Dreck, dieselbe Erde.

Wenn man dich im Traum zum Essen einlädt, ist es doch nur ein Traum. Der hat keine Kalorien.

Wir irren uns, wenn wir die Halluzination eines Selbst, dem wir in unserem Bewusstsein begegnen, für uns selbst halten. Die Unsterblichkeit der Seele, von der die neuen Modereligionen reden, gründet sich auch auf diese Halluzination eines Selbst. Das wirkliche Selbst ist die wahre Natur, die in der Einheit von allen Buddhas und Lebewesen und in der Ununterscheidbarkeit von Geist, Buddha und Lebewesen liegt.

Was wir „autonomes Bewusstsein" nennen, sind einfach nur persönliche Gedanken.

Weil wir auf Grund der Halluzination eines autonomen Bewusstseins über gut und schlecht urteilen, gehen wir fehl.

Die Schatten, die sich im Bewusstsein spiegeln, wieder und wieder aufgewärmt auf den Tisch zu bringen: Das sind unsere illusionären Gedanken.

Der Schwachpunkt von uns Lebewesen liegt darin, dass wir unsere Halluzinationen selbst fabrizieren.

Die Menschen leben alle in Ratlosigkeit und Angst.

Die Yogacara-Philosophie lehrt: „Wenn sich das innere Bewusstsein wendet, scheint es, als gäbe es zwei Seiten." Obwohl das nur die Funktion eines einzigen Bewusstseins ist, scheint es so, als ob es da ein Subjekt und Objekt gäbe, und deshalb entsteht ein großes Theater, wenn wir einer Seite nachjagen oder vor ihr davonlaufen. Was für seltsame Illusionen wir doch haben.

Du lebst dein Leben wie ein Schlafwandler.

Auch wenn wir ein gelassenes Gesicht zur Schau stellen, sind doch in unserem Innersten die Illusionen am Gären.

Denke über die Illusionen, die du gestern beim Zazen hattest, nächstes Jahr noch einmal nach: *„Zwei kämpfende Schlammochsen sind im Meer versunken. Seither hat keiner von ihnen gehört."* (Tôzan)

21. An dich, dem Geld, Liebe und Status fehlen

Himmel und Erde geben, die Luft gibt, das Wasser gibt, die Pflanzen geben, die Tiere geben, die Menschen geben. Alle geben sich gegenseitig von sich selbst. Wir können nur in diesem gegenseitigen Geben leben. Ganz gleich, ob wir dafür dankbar sind oder nicht.

Es gibt wirklich nichts, worüber wir uns beklagen müssten.

Es ist nicht dein persönliches Verdienst, dass du in diese Welt geboren wurdest. Du lebst auch nicht aus eigener Kraft. Trotzdem sorgst du dich nur um den eigenen Geldbeutel.

Dummheit bedeutet, nicht vom eigenen Leib absehen zu können. Weisheit sagt: „Ich bin, die ich bin, egal, wie sich die Dinge wenden."

Ein Heide, wer nur über Gewinn und Verlust nachdenkt. Ein Teufel, wer Profit daraus schlägt.

Mach kein bedrücktes Gesicht! Ist das nicht kleinseelig, dich darüber zu beklagen, kein Geld zu haben, nichts zu essen zu haben und in Schulden zu stecken? Nur weil du glaubst, dass du das Leben genießen und dich stets gut fühlen solltest, meckerst du über die Armut.

Während des Krieges besuchte ich einmal ein Kohlebergwerk. Mit derselben Arbeitskleidung und Kopflampe wie die Bergarbeiter ausgestattet, bestieg ich den Fahrstuhl. Ab ging es hinunter! Während wir tiefer und tiefer hinab fuhren, kam es mir auf einmal so vor, als ob wir plötzlich wieder nach oben führen. Doch als ich mit der Lampe in den Schacht leuchtete, sah ich, dass wir noch immer hinab fuhren. Am Anfang, wenn der Fahrstuhl abwärts beschleunigt, kommt es einem auch so vor, als ob man runter fährt. Doch wenn sich die Geschwindigkeit erst einpendelt, erscheint es einem dann plötzlich, als ob man umgekehrt wieder hinauf führe. Genauso täuschen wir uns auch ständig, wenn wir bei der Kalkulation unseres Lebens das Schwanken der Zahlen mit der Summe selbst verwechseln.

Zu sagen, man habe Satori gehabt, ist nur eine Kalkulation der Differenz der Zahlen. Zu sagen, man habe sich geirrt, eine andere. Zu sagen, es sei gut, ist eine Kalkulation der Differenz. Zu sagen, es sei schlecht, eine andere. Reichtum ist eine Kalkulation, Armut eine andere.

Versteht es sich nicht von selbst, dass einer, der bis eben noch reich war, mehr unter plötzlicher Armut leidet als der Arme, der immer schon arm war?

Illusion bedeutet, den Ernst der Lage nicht abschätzen zu können.

Du hast nicht einmal richtigen Hunger, trotzdem klagst du: „Ich habe nichts zu essen!" Das allein macht dich hungrig. Worte machen das Leben zum Alptraum, denn der Tumult in der Welt dreht sich nur um Namen und Worte.

Ich bringe einem Papagei bei zu sagen: „Mir geht's gut!" Wenn eines Tages die Lampe umfällt und alles Feuer fängt, wird er mit den Flügeln schlagend rufen: „Mir geht's gut, mir geht's gut!"

Du wirst von deinem Leib und Geist an der Nase herumgeführt, und du merkst es nicht einmal selbst.

Du versuchst, mit deinem Status zu beeindrucken. Bist du nicht nackt geboren worden? Erst danach bekamst du deinen Namen, deinen Strampelanzug, deine Milchflasche. Erst nachdem du „groß" geworden bist, berufst du dich plötzlich auf deine Wichtigkeit und Stärke, deine Intelligenz und deinen Reichtum – nur um dich mit deinem Status zu schmücken. Doch darunter bist du splitternackt.

Was die ganze Welt treibt, ist wie das Ausmessen einer Fata Morgana. Oder wie das Errichten von Palästen aus arktischem Eis. Zu einer anderen Zeit, an einem anderen Ort, schmilzt alles dahin.

Höllenbewohner, hungrige Geister, Tiere, kämpfende Dämonen, Menschen, Himmelswesen – die Bewohner all dieser sechs Welten richten sich nur nach dem Maßstab ihres Blutandrangs. Wenn sich der Blutandrang erst einmal gelegt hat, sind sie alle Buddhas.

Das gute und schlechte Karma der Vergangenheit erscheint in der Gegenwart als karmische Wahrnehmung. Da wir alles durch die Brille der karmischen Wahrnehmung hindurch betrachten, kommt uns die Welt mal wie eine Dämonenwelt, mal wie eine Bestienwelt und mal wie eine Höllenwelt vor. Dabei betrachten wir doch nur ein und dieselbe Ware.

Du träumst nur von deiner Illusion, während du im Bett der Buddhanatur schläfst.

Amithaba Buddha sagt: „Alles ist gut, so wie es ist. Es gibt kein einziges verirrtes Wesen. Kein Grund zur Hektik." Doch die verirrten Wesen heulen: „Nein, so darf es nicht sein!"

Mit Bodhi-Geist vergisst du dich selbst für die anderen. Ohne Bodhi-Geist vergisst du die anderen für dich selbst.

Satori bedeutet: Verlieren. Illusion bedeutet: Gewinnen.

Der Unterschied zwischen dir und den anderen verschwindet erst dann, wenn du dich selbst völlig aufgibst für die anderen. Das bedeutet „die anderen hinüberzuretten, bevor du selbst gerettet wirst[29]." *(Shôbôgenzô Hotsubodaishin)*

Nichts für sich selbst zu begehren – das ist die größte Gabe, die du dem Universum darbringen kannst.

Das Panorama, das sich dir in einer Welt darbietet, in der gegeben wird, ohne dass man danach fordern muss, ist frisch und klar, weit und unbegrenzt, ganz anders als das in einer Welt des An-Sich-Raffens.

Buddha nimmt viele Gestalten an. Das liegt daran, dass er aus tiefer Güte heraus die verschiedensten Tränen vergießt.

Buddhas Güte ist verschieden von bloßem Mitleid. Buddhas Güte ist der sichere Hort, aus dem wir nicht herausfallen können, so sehr wir auch strampeln mögen.

---

[29] Dôgens Ausdruck für die Einstellung eines Bodhisattvas.

Großer Geist ist Buddhageist. Vierundzwanzig Stunden täglich leben, ohne sich an ein einziges Ding zu klammern. Nicht an den Abmachungen der Welt hängen.

22. An dich, der sich ein besseres Leben wünscht

Mach mal Pause. Wer eine kleine Pause vom Mensch-Sein macht, ist ein Buddha. Buddha zu werden bedeutet nicht, dich unter den Menschen nach oben zu arbeiten.

Was Ryôkan so erfrischend macht ist, dass er die Dinge nicht begrabscht.

Die Menschen lassen sich stets von Freude, Ärger, Trauer und Glück bewegen. Doch das ist nicht der alltägliche Geist des Zen. Im Zen bedeutet alltäglicher Geist: das Schießen einstellen. Ohne Vorlieben, ohne Animositäten, ohne Gewinner und Verlierer, ohne Gut und Böse, ohne Entzücken und Schmerz: So ist der alltägliche Geist.

„Was für ein Mensch steht auf dem Boden, auf dem es weder Kommen noch Gehen gibt?"
Kyûho antwortet: *„Das Steinschaf steht dem Steintiger gegenüber. Vollkommene Ruhe, kein Grund zur Furcht."*
Ein Schaf aus Stein kennt kein Zittern. Ein Tiger aus Stein kennt keinen Hunger. Hier liegt der Punkt: Du musst den Dingen jenseits des Denkens begegnen.

Was bleibt, wenn du die Dinge einfach so lässt, wie sie sind? Das Undenken. Es lässt sich nicht denken. Egal, ob du es denkst oder nicht: Die Dinge sind so, wie sie sind.

„Alles ist leer" bedeutet, dass da nichts ist, das du greifen könntest. Doch du bist berauscht von etwas, und du glaubst, du müsstest es ergreifen.

Was auch immer passiert, es ist nichts: Das ist der natürliche Zustand. Du verlierst dich, weil du den natürlichen Zustand verloren hast. Du erkennst deinen Zustand nicht als natürlich, denn du stülpst Begriffe darüber, die ihn unnatürlich machen.

Buddhadharma ist der natürliche Zustand. Doch in der Welt ist alles unnatürlich. Sich durchsetzen, unterliegen, alles ausdiskutieren müssen – das ist nicht natürlich.

Wichtig ist, nicht zu verlieren und nicht zu gewinnen. Im Sieg den Weg nicht verlieren, in der Niederlage den Weg nicht verlieren. Doch die Leute von heute geraten ganz aus dem Häuschen, wenn sie gewinnen, und verlieren den Weg. Und wenn sie verlieren, verlieren sie sowieso den Weg. Wenn sie Geld haben, verlieren sie den Weg, und ohne Geld verlieren sie ihn auch.

„Wenn du dies tust, bekommst du jenes Resultat." Das gilt für die Welt, aber nicht für die Buddhalehre. „Sich der Menschen anzunehmen, ist etwas, was nicht nur andere betrifft: Ich habe ja selbst Kinder zu Hause. Nur wenn ich mich jetzt um die kümmere, werden die sich später auch um mich kümmern." Das ist die Logik der Welt.
„Einfach das tun, was überhaupt nichts bringt" – das ist nicht so einfach. Das ist das Loslassen von Körper und Geist, es ist der losgelassene Körpergeist.

„Auf den Vulkan steigen, sich in die Glut werfen" – das bedeutet, die Halluzination des autonomen Bewusstseins entschlossen von dir zu werfen.

Schlägereien und Mädchen abschleppen: So grobe Dinge gehören auch zu den täuschenden Begierden, doch das wirkliche Problem sind nicht die rauen, sondern die viel feineren Begierden. Wir müssen uns auf die Details konzentrieren.

„Der Geist und die Dinge sind eins, so wie sie sind" – klebe an nichts, sei offen und einfach! Wo von Beginn an kein Ding ist, gibt es nichts hinzuzufügen.

Wenn es ursprünglich nichts gibt, darf alles sein: In wahrer Leere ist alles enthalten.

Es gibt viele Lehren. Doch sag es nicht so leicht dahin: Denn es gibt wirklich alles.

Leere bedeutet „alles und jedes".

Jedes noch so kleine Kartöffelchen hat mit dir zu tun. Jede einzelne Teetasse betrifft dich selbst.

Wirkliche Leere ist die Leere, die nicht einmal „Leere" genannt werden kann.

Wenn du vom Himmel sprichst, quetscht du den Himmel in einen Rahmen. Der wahre Gott ist der Gott, der Gott vergessen hat, der sogar aufgehört hat, Gott zu sein.

Gott hat keinen Namen. Aber wir leben ihn in jedem Augenblick.

Was das ganze Universum füllt in jedem Augenblick an jedes einzelne Ding weiterzugeben: das ist Samadhi.

In der Buddhalehre gibt es kein Eines, das nur das Eine ist. Es gibt auch kein Sein, das nur das Sein ist. Und kein Nichts, das nur das Nichts ist. In der Buddhalehre ist das Eine alles, und alles ist das Eine. Das Sein ist das Nichts, und das Nichts ist das Sein.

Ein Mathematiker wurde gefragt, ob es die „1" wirklich gibt. Seine Antwort war, dass die Mathematik sich auf das Postulat gründet, dass es die „1" gibt. Im Buddhismus gibt es dagegen keine „1". Es heißt: „Zwei gibt es auf Grund der Eins, doch halte auch an der Eins nicht fest." Und: „Eins ist alles, alles ist Eins."

„So wie es ist" bedeutet, dass das gesamte Universum vollkommen in Ordnung ist.

Jeder Ort füllt Himmel und Erde aus, jeder Augenblick ist ewig.

Die Praxis des Buddhaweges besteht darin, den einen wunderbaren Augenblick, den unsere Existenz darstellt, stets hier und jetzt zum Leben zu bringen.

Übung ist nichts, was du aufhäufen könntest. Es gibt dabei auch keinerlei Werkzeuge. Jeder Aspekt des täglichen Lebens muss Buddha-Praxis sein. Es ist nicht gut, das Essen schnell herunterzuschlingen, um dann Zazen zu üben. Wir essen aber auch nicht, um zu arbeiten. Iss einfach auf natürliche Art. Zur Essenszeit: Einfach essen. Essen ist Übung.

Sag nicht so komische Sachen wie „Erbarmen gegenüber den leidenden Wesen" oder „sich religiösen Exerzitien widmen". Solange alles, was du mit deinen Händen und Füßen tust, in einer konsequenten Einstellung wurzelt, ist es in Ordnung.

Anraku steht für Freude, Vergnügen und Ruhe. *Anraku* bedeutet, konsequent bis ans Ende zu gehen. Direktes Handeln ist *Anraku*, ist Gelassenheit.

Solange du dein Scheckbuch fest in der Hand hältst, lebst du nicht den Buddhadharma. Du musst mit leeren Händen zu deiner Heimstatt zurückkehren. Wenn deine Hände nicht leer sind, hängst du am Laster. Die Essenz des Buddhadharma ist es, sich ohne irgendein Scheckbuch auf den Weg zu machen.

Wer die Vergänglichkeit einmal klar erkannt hat, reißt sich um nichts mehr.
  Du redest von der Realität, doch die Realität ist nichts Fixes. Alles ist vergänglich.

„Der vergangene Geist lässt sich nicht greifen, der gegenwärtige Geist lässt sich nicht greifen, der zukünftige Geist lässt sich nicht greifen."
(Diamant-Sutra)
  In anderen Worten: „Wo ist die Vergangenheit? Wo ist die Gegenwart? Wo ist die Zukunft?"

„Der vergangene Geist lässt sich nicht greifen" – die Vergangenheit ist vergangen, es gibt sie nicht mehr.
  „Der gegenwärtige Geist lässt sich nicht greifen" – die Gegenwart bleibt niemals stehen.
  „Der zukünftige Geist lässt sich nicht greifen" – die Zukunft ist noch nicht gekommen.
  Kurzum: Nichts hat Bestand.

Was bedeutet Gestaltlosigkeit? Es gibt kein Ding, das nicht auf Grund der Gestaltlosigkeit bestünde. Doch wenn wir versuchen, die Gestaltlosigkeit festzumachen, wird sie zur Gestalthaftigkeit. Gestaltlosigkeit bedeutet, den Dingen nicht nach- und nicht vor ihnen davonzulaufen.

Alle stolpern in der Irre und heulen, lachen, ärgern oder freuen sich, beglückwünschen sich oder sind trotzig. Wenn wir aufhören zu stolpern, ist da nichts weiter. Dafür ist es notwendig, sich einmal gründlich den Kopf zu massieren und die Dinge entkrampft zu *sehen*, ohne sich dabei zu *versehen*.

Wenn deine Kopfhaut so dick wie eine Pampelmusenschale ist, dringt nichts durch. Wenn dein Kopf so simpel ist wie der eines Soldaten, fehlt dir die Flexibilität. Dein Kopf muss alles fassen: Das gesamte Universum. Das ist gemeint, wenn vom „unübertroffenen Weg" die Rede ist.

Auch wenn ich sage, dass es genügt, Zazen zu üben, muss ich doch essen, wenn ich hungrig bin. Und wenn mir das Geld ausgeht, gehe ich Betteln. Ich muss nur aufpassen, dass daraus keine Routine wird. Denn wie gut es auch sein mag – wenn das, was ich tue, zur Routine wird, taugt es nichts mehr. Du darfst an nichts festhalten. Es ist eine Frage von Freiheit und Unabhängigkeit.

Du darfst den Buddhaweg in keinen Rahmen zwängen.

Wer keine Unterschiede erkennt, ist ein Idiot. Wem die Unterschiede keine Ruhe lassen, der ist ein Normalbürger.

Meine gute Seite ist, dass ich meine Zeit als Laufbursche Saikichi nie vergessen habe. Wenn ich gerade beim Aufbruch zu einer Reise bin, und da kommt noch einer an mit einem Stapel von Papier, auf das ich eine Kalligraphie pinseln soll – da werde ich schon mal wütend. Doch dann lege ich los wie seiner Zeit als Laufbursche, denn wenn ich damals von einem langen Tag ohne Geld und ohne Bestellungen zurückkam, zitterte ich vor Angst vor der hysterischen alten Stiefmutter, die zu Hause wartete. Der kleine Saikichi freute sich, wenn spät am Abend noch eine Bestellung reinkam, selbst wenn mir vor Hunger der Magen knurrte.

23. An dich, der sagt, dass die Bonzen Konjunktur haben

Ôtani Kubutsu wurde während der Taishô-Periode bekannt, als er einer Geisha ein Trinkgeld von zehntausend Yen gab. Er schrieb auch Haikus:
„*Wie kann ich bloß bestehen, angesichts der neunzig Jahre, die sich der Patriarch nur in Papier kleidete?*"
Ein netter Spruch – von einem Mönch, der einer Geisha zehntausend Yen gibt!

Sowohl der Kinkakuji als auch die goldene Halle im Hôryûji sind nicht für die Übung von Mönchen bestimmt. An solchen Orten können sich die Bonzen mit Faulenzen ihre Brötchen verdienen.

Wofür sind der Tôdaiji und der Hôryûji und all die anderen Tempel eigentlich gebaut worden? Letztendlich nur, um darin Bonzen zu halten, so wie ein Bauer Vieh hält. Kein Wunder also, wenn es Mönche gibt, die den Kinkakuji oder Enryakuji in Brand setzen. Das Gleiche gilt auch für den Ginkakuji.

Im ersten Jahr der Meiji-Periode wurde die fünfstufige Pagode des Hôryûji für fünfzig Yen zum Verkauf angeboten, doch es fand sich am Ende kein Interessent dafür. Für die fünfstufige Pagode des Kôfukuji fand sich für dreißig Yen ein Käufer, aber der wollte sie einfach nur abbrennen, um das Gold herauszuholen. Als sie ihm sagten: „Wenn du das tust, brennt uns noch die ganze Stadt Nara ab!", meinte er: „Also gut, scheiß drauf", und nur so blieb die Pagode bis heute verschont. Der Marktwert solcher Dinge ändert sich. An Dingen, deren Marktwert sich ändert, ist nichts Großes dran. Wir können auch ohne sie auskommen. Es gibt Wichtigeres. Zazen ist das, worauf es ankommt.

Was die Erwachsenen den Kindern predigen, sind oft nur veraltete Ansichten. Die Ansicht, dass Gutes gut und Schlechtes schlecht ist, hat ihre besten Tage längst hinter sich. Auch beim Gemüse wird das, was einmal essbar war, ungenießbar, wenn es seine besten Tage hinter sich hat. Du musst die Dinge stets aus einem frischen Blickwinkel heraus betrachten.

„Das ist eine wichtige Sache!" Was ist eine wichtige Sache? Es gibt überhaupt keine so wichtigen Sachen. Wenn wir sterben, müssen wir alles zurücklassen. Die Kulturgüter und „Schätze der Nation" in Nara oder Kyôto werden früher oder später verloren gehen. Wir könnten sie auch gleich jetzt in Brand stecken!

„*Jûji*"[30] bedeutet ursprünglich, in der Buddhalehre zu weilen und Verantwortung für sie zu übernehmen. Das heißt mit anderen Worten, sich der Buddhalehre zu verpflichten. Doch heute scheint „*Jûji*" zu bedeuten, sich an einem Tempel festzubeißen und sich davon zu ernähren – im Tempel zu weilen und sich lediglich um den eigenen Lebensunterhalt zu sorgen.

In Kyôto gibt es neuerdings Tempel, die Pensionen oder Hotels betreiben. Komisch, selbst Mönche denken an nichts als Geld und Fressen.

Dass Bonzen, die Geld anhäufen, lasterhaft sind, versteht sich von selbst. In alten Zeiten sagte Takeda Shingen: „Mein Volk ist meine Burg." Also verzichtete er im Hinblick auf sein Volk darauf, eine Burg zu bauen, und wurde trotzdem nicht angegriffen. Während Katsuyoris Regierungszeit wurde dann ein großartiges Schloss gebaut, nur um von Ieyasu zerstört zu werden. Mit den Ersparnissen der Mönchs-Bonzen ist es genauso: Sie geben sich damit nur eine Blöße.

Ein Mönch sollte stolz darauf sein, kein Geld zu haben. Als Ryôkan starb, kam das Gerücht von Ersparnissen auf. Da widersprach einer: „Das stimmt nicht – hier, seht euch doch sein Rechnungsbuch an!" Mit diesen Worten hat er Ryôkan verteidigt, denn für einen Mönch ist es eine Schande, Geld zu besitzen.

Hat Ryôkan Geld hinterlassen, als er starb, oder nicht? Ich atme auf, als ich hörte, dass er keines hinterließ. Doch in der Welt denkt man genau andersherum. Ein Mönch muss lernen, umgekehrt wie die Welt zu denken.

---

[30] Wörtlich: „Wohnen und Bewahren", Bezeichnung für einen buddhistischen Tempelpriester.

Ein Mönch darf nicht albern aussehen, egal, wer ihn in Augenschein nimmt. Wie kommt es, dass manche Bonzen so erhaben tun, während Hausfrauen in ihren Tempeln wohnen?

Die Bonzen von heute sind keine hauslosen Mönche. Sie sind einfach aus einer Strohhütte in eine ziegelgedeckte Hütte umgezogen. So wie ein Bäckerssohn, der umsattelt, um ein Krematorium zu betreiben.

Der Ritualmeister muss bei der Ordinationszeremonie ständig die Robe wechseln. Deshalb sagte einmal einer: „Ein Bonze unterscheidet sich kaum von einer Geisha!" Pass auf, sonst geht es dir genauso.

Die Menschen wollen immer ein Schnäppchen machen. Wenn es nicht auf der Straße liegt, klauen sie es. Sie raffen und reißen es mit Gewalt an sich. Doch in Wirklichkeit müssen wir erst einmal alles loslassen, damit sich der Nebel lichtet und wir die klare Gestalt der Wahrheit erkennen können.

„Hauslosigkeit" bedeutet vollkommenes Loslassen vom Gruppenwahn. Die Bonzen von heute dagegen wollen nur an sich raffen, deshalb taugen sie zu nichts.

Wenn du die Katze mit Leckereien fütterst, hört sie auf, Mäuse zu fangen. Ein Hund, der verwöhnt wird, hält keine Wacht. Auch der Mensch taugt nicht mehr zur Arbeit, wenn er erst einmal Geld hat und es sich gut gehen lassen kann.

Die Tokugawa-Politik hat die Bonzen für dreihundert Jahre mit Völlerei und prächtigen Roben im Zaum gehalten, so dass sie schließlich – so wie Wildschweine, die zu gewöhnlichen Schweinen degenerieren – ihre Fangzähne und Klauen verloren und sich das Knochenmark aussaugen ließen.

Die Buddhisten waren während der Tokugawa-Zeit ganz zufrieden damit, von der Tokugawa-Politik eingespannt zu werden. Dass sie sich schon damals nicht als religiöse Menschen verstanden, ist die Ursache für den heutigen Niedergang der Buddhalehre.

Der Buddhismus der Tokugawa-Zeit war eine als Religion getarnte Verwaltungsmaschine. Deshalb brach er auch mit einem Mal zusammen, als die Meiji-Zeit mit dem Buddhismus aufräumte.

Dass sich die Bonzen von heute ihrer Mönchstracht schämen, liegt an dem Schreck, den ihnen das Aufräumen mit dem Buddhismus während der Meiji-Zeit eingejagt hat. Die Welt lacht über diese argwöhnischen Gestalten.

Die Bonzen von heute kämpfen eine verlorene Schlacht. Mit taumelnden Schritten und verkehrt herum gehaltenen Hellebarden ziehen sie sich zurück. Der Volksmund singt dazu: „Der geschlagene Krieger erschrickt selbst vor einer Vogelscheuche."

„Ein Held, wer siegreich zurückkehrt. Ein Tor, wer geschlagen zurückkehrt."

Den Bonzen von heute ist es peinlich, Mönche zu sein. Um sich möglichst wenig als Mönche erkennen zu geben, tragen sie Robe und Kesa nur dann, wenn sie ihrem Geschäft nachgehen. Denn ihre Brötchen können sie sich nur als Bonzen verdienen. Das ist ihr Dilemma. Katholische Priester tragen stets ihr Priestergewand. Sie sind stolz darauf, es zu tragen – ist das nun wiederum gut oder ungut?

Es ist nicht einfach, ein Mönch zu sein, ohne ein Geschäft daraus zu machen. Eigentlich sollte ein Mönch überhaupt nichts mit Geschäften zu tun haben. Denn was könnte dümmer sein, als das Mönchstum als Geschäft zu betreiben? Du musst dich furchtlos auf den Weg nach deinem eigentlichen Ziel machen. Als Buddhist musst du über eine klare Lebenseinstellung verfügen.

Jeder einzelne Tag im Gesellschaftsleben ist eine Prüfung. Das ganze Leben über darfst du nicht durchfallen. Das gilt in erster Linie für den Geist, mit dem du die leidenden Wesen rettest. Wenn du auch nur einmal wütend wirst, werden sich dir die leidenden Wesen nicht nähern. Wirst du auch nur einmal begierig, werden die leidenden Wesen sich von dir entfernen. An diesem Punkt musst du das gesellschaftliche Bewusstsein gut im Kopf haben.

24. An dich, der die Bonzen um ihr Gewerbe beneidet

Lustig wär's, wenn die Gespenster immer dann ihren Spuk trieben, wenn der Bonze bei der Beerdigung pfuscht. Doch selbst wenn der Bonze die Beerdigung verpfuscht, spuken die Gespenster nicht, und deshalb leben die Bonzen so abgehoben.

Was machen die Bonzen da eigentlich, wenn sie eine Beerdigung halten? Das kommt mir so vor, wie wenn einer mit Platzpatronen schießt, einen Film davon macht, und davon wiederum eine Stillaufnahme.

Radio und Fernseher geben weder Ton noch Bild von sich, wenn sie falsch angeschlossen sind. Anders bei den Mönchen: Die sieht man in verfransten Roben umher irren, ohne das sie wissen, wie man korrekt in Zazen sitzt oder Betteln geht.

Die Bonzen predigen ihre Lippenbekenntnisse, und die Laien erhoffen sich etwas davon, wenn sie die dafür bezahlen. Was hat dieses Tauschgeschäft mit auswendig Gelerntem mit der Buddhalehre zu tun?

Ein Bonze sagt über die alte Frau, für die er die Sutren liest: „Die Oma sucht Zuflucht bei mir." Halt besser die Klappe, Idiot!

Die Bonzen sagen heute, sie hätten Besseres zu tun, als Zazen zu praktizieren. Sie sagen, Sawaki sei nicht mehr gefragt.

Sowohl vom Kommunismus als auch von der Demokratie aus betrachtet muss der Buddhismus über etwas verfügen, über das sich nicht hinwegsehen lässt. Und er muss auch in der Lage sein, dort den Weg zu weisen, wo der Kommunismus und die Demokratie nicht mehr weiter wissen. Wenn bloß nicht das, was die Buddhisten dem Buddhadharma dazugedichtet haben, so stören würde.

Die Bonzen fragen gerne: „Was wird nur aus dem Buddhismus werden?" Wer hat denn behauptet, dass der Buddhismus schon am Ende sei? Wer sagt, dass Shakyamuni und Bodhidharma nicht mehr gefragt sind? Sind nicht die Bonzen die Idioten, die keinen Sinn mehr für den Weg haben? Doch weil das ein wenig unbequem wäre, frage ich sie lieber: „Wie ist es mit deiner Frau und deinen Kindern – glauben die an dich oder nicht?"

Ein Zenmönch ist einer, der ein freies Leben führt, in dessen Zentrum der Buddhaweg steht.

Wirkliche Hauslosigkeit praktizierst du, wenn du das wahre Selbst auslebst, das absolut nie beschmutzt werden kann. Auf diese Weise erschaffst du dein Leben, das eins ist mit dem gesamten Universum.

All die ganzen indischen und chinesischen Mythen ... Reiß all diese Fabrikationen nieder und lebe nur den nackten Inhalt der Buddhalehre selbst! Das ist Zen.

Ehe wir uns versehen, gesellen sich Schaulustige zu den religiösen Menschen. Und wenn Schaulustige auftauchen, stimmen die Dinge nicht mehr ganz: Schaulustige machen die Religion zu einem Schauspiel. Wenn wir nun aber sagen: „Keine Schaulustigen – jedem nur sein eigenes Problem!", dann verwechselt man uns mit dem kleinen Gefährt.

Askese ist nichts als die Suche nach Reizen. Die Bonzen von früher waren entweder auch auf diese Reize aus, oder sie waren einfach Taugenichtse. Mit Religion hat das alles nichts zu tun.

„Ich halte mich ans Zölibat!" – Wie viele Masken sich die Mönche doch aufsetzen.

Zauberstückchen sind hier nicht gefragt. Wenn wir nicht aufpassen, wird Religion zu einer Zauber-Revue.

„Wo du stehst, steht kein zweiter" – das heißt: „Keine Schaulustigen!" Wo Schaulustige auftauchen, kommen die Dinge plötzlich in den Ausverkauf. Samadhi ist kein Ausverkauf.

Wenn Bonzen nicht aufpassen, fangen sie an, Theater zu spielen, und dazu recht stümperhafte Schmierenkomödien. Früher gab es noch Stars, die sich auf ihr Schauspielerhandwerk verstanden, doch heute findet man die kaum noch.

Die Würde der Bonzen ist heutzutage nur noch eine gespielte Würde.

Wenn du die unübertroffene Weisheit aus den Augen verlierst, fängst du an, dein Normalbürger-Können mit den anderen zu vergleichen. Widme dich einfach nur der unübertroffenen Weisheit. Lass dich nicht vom Können der Normalbürger beeindrucken.

Du weißt, dass du nichts Besonderes bist? Du darfst nur nicht vergessen, dass auch die, die in der Welt der Religion von allen für etwas Besonderes gehalten werden, nichts Besonderes sind.

Was sind deine wirklichen Motive? Darüber solltest du einmal nachdenken, ohne dir etwas vorzumachen. Kommt es nicht vor, dass du dich – ohne es zu merken – zu einem Schauspieler machst, dem es nur um seine Show geht? „Nur du selbst kannst es verstehen, andere vermögen es nicht zu erblicken." *(Lotussutra)* Wenn es dir darum geht, die Zuschauer zu beeindrucken, hat das nichts mit Buddhismus zu tun.

„Ach, ich wollte doch nur etwas Gutes machen." – Hast du überhaupt eine Ahnung, was es bedeutet, etwas Gutes zu tun? Oder glaubst du dem Gruppenwahn, der behauptet, dass etwas „gut" ist, wenn andere dich dafür loben?

Die Bonzen von heute wollen etwas für die Gesellschaft tun: Sie geben das Geld der Reichen an die Armen weiter und spielen sich dabei als die Barmherzigen auf. Mit dem Buddhadharma steht das in keinerlei Beziehung.

Nur du selbst kannst die Buddhalehre praktizieren.

Wenn Organisationen entstehen, ist das keine Religion mehr, sondern ein Geschäft.

„Gutes tun" kann auch etwas Schlechtes sein. Denn manche tun Gutes nur, um sich damit zu schmücken.

Geht es uns um die Lehre, oder geht es uns darum, Geschäfte zu machen? Manche bringen das durcheinander.

Wenn in einem der Haupttempel eine Schar von Zenmönchen schnell und laut die Hälfte des *Shôdôka-Sutras* liest, werden die Pilger von Ehrfurcht ergriffen. Keine Ahnung, was daran so ehrfurchtgebietend ist, doch aus irgendeinem Grund sind alle beeindruckt. Die Mönche versammeln sich da in Wirklichkeit nur, weil sie ihre Lizenz haben wollen, und der Haupttempel macht Geschäfte, in dem er solche Mönche ansammelt. Dasselbe gilt auch für die Tempel in China. Da werden Geschäfte gemacht, ohne dass dieses Geschäfte-Machen als Geschäfte-Machen erkannt würde.

Dass der Buddhadharma heutzutage heruntergekommen ist bedeutet, dass die Praxis heruntergekommen ist. Es will uns nicht in den Bauch, dass die Praxis selbst Satori ist.

Warum ist der japanische Buddhismus nichts mehr wert? Weil es in Japan die meisten buddhistischen Schätze gibt, bloß keine Praxis. Und wo es keine Praxis gibt, gibt es auch keine Buddhalehre. Selbst wenn der Keim der Buddhalehre vorhanden ist, kann er sich nicht entfalten, solange er nicht durch die Praxis zum Sprießen gebracht wird.

Es heißt, dass der Buddhismus in Thailand, Burma, Ceylon und China sich noch streng an die Regeln und Gebote hält, doch die Buddhalehre ist dort genauso inhaltslos wie hier. Nur die Gewohnheiten sind andere: Hinayana-Gewohnheiten.

25. An dich, der sich mit Buddhismus fortbilden will

Die Begriffsspielereien der Unbeteiligten: Das ist es, was ich eine „leere Theorie" nenne. Begriffsspielereien taugen zu nichts. Spring rein mit Leib und Seele!

Du musst ganz sterben, um über den Buddhadharma nachdenken zu können. Es reicht nicht, dich bloß halb zu Tode zu quälen.

Die Buddhalehre ist nichts für Schaulustige. Um dich selbst muss es gehen!

Religion bedeutet nicht, die Welt um dich herum umzugestalten. Es bedeutet, deine Augen, deine Ohren, deine Sichtweise und deinen Kopf umzugestalten.

Die Buddhalehre ist kein Studienfach, sondern eine Problemstellung: „Was tue ich mit diesem Leib?" Der menschliche Leib ist höchst praktisch eingerichtet. Doch wozu benutzt du diesen Leib eigentlich? Als Sklaven deiner Triebe. Die Buddhalehre geht mit dem Leib in einer Weise um, die ihn nicht zum Sklaven der Triebe macht. Sie bringt Ordnung in Leib und Seele.

Im Buddhismus geht es nicht um Ideen. Es geht um die Frage: „Wie gehe ich mit mir selbst um?"

Buddhaweg bedeutet, das Absolute in die Praxis umzusetzen, es durch Übung zu verwirklichen.

Buddhalehre bedeutet stetige Übung mit Leib und Seele, ohne jeden Gewinn. Für diese Praxis ohne Gewinn gibt es kein Handbuch, das dir in jeder Lage weiterhelfen könnte. Trotzdem ist es wichtig, dass du immer genau das tust, was du tun musst, und nicht das tust, was du nicht tun darfst. Wo du riskieren musst, riskiere Kopf und Kragen. Wo du nichts riskieren darfst, riskiere nicht einmal deine Zungenspitze. Die Bedeutung der Praxis liegt nicht in den Dingen. Sie liegt in der Tätigkeit selbst.

„Nur Buddha und Buddha vermögen es zu ergründen." (Lotussutra)
Nur eine Katze versteht die Gefühle einer Katze. Nur ein Buddha versteht den Buddhadharma. Nur wer den Buddhadharma praktiziert, ist ein Buddha. Sich Buddha nur vorzustellen, ohne den Buddhadharma selbst zu praktizieren, hat mit dem Dharma nichts zu tun.

Religion taugt nichts, wenn sie in Begriffen erstarrt. Religion ist Leben, und Leben muss in Tätigkeit sein. Wer nicht mehr sagen kann als: „Ich nehme Zuflucht zum Lotussutra", der steckt in der Klemme. Leben muss sich nach links und rechts, nach oben und unten, in alle Richtungen frei bewegen können. Werde nicht zu einer Mumie, lass dich nicht austrocknen.

Alle Welt glaubt, bei der Übung des Buddhaweges gehe es darum, Schritt für Schritt die Begierden abzuschnüren, so wie man das Licht einer Lampe herunterdreht, bis es mit einem Mal ganz erlischt. Die Praxis des großen Gefährts (Mahayana) besteht darin, „zu geloben und sich daranzusetzen, alle leidenden Wesen hinüberzuretten, bevor ich mich selbst rette" *(Shôbôgenzô Hotsubodaishin).* Dafür ist es notwendig, die Begierden mit Absicht übrig zu lassen, um mit ihnen den Lebewesen zum Nutzen zu gereichen. Das heißt, dass wir vollkommen menschlich sein müssen. Unsere Praxis darf nicht so kahl und bleich wie ein Skelett sein.

Deine Religion muss sich um die Frage drehen: Wie leben?

Eine Religion, die mit deiner Lebenseinstellung nichts zu tun hat, taugt nichts.

Die Buddhalehre ist keine Legende aus alter Zeit. „Es waren einmal ein alter Opa und eine alte Oma ..." – kein Märchen von dieser Art. Die Buddhalehre muss zu deinem eigenen Problem werden. Getrennt von dir, getrennt von diesem Augenblick gibt es keine Buddhalehre. Buddhalehre ist nichts für Touristen.

Die Buddhalehre liegt nicht in der Ferne. Sie gehört auch nicht der Geschichte an. Sie gehört dir selbst!

In der Welt herrscht großes Durcheinander, weil jeder mit seinem eigenen Maßstab misst, wenn die Rede von „groß" oder „klein" ist. Im Buddhismus spricht man von ungehinderter Freiheit in Groß und Klein, Eng und Weit. Das ist etwas anderes, als die Dinge mit einem Zollstock abzumessen und als „groß" oder „klein" zu bezeichnen.

Buddhismus ist maßlos und unbegrenzt. Wenn du versuchst, den Buddhismus zu verstehen und dabei dessen Grenzenlosigkeit außer Acht lässt, wirst du völlig fehlgehen.

Horizontal verknüpft, vertikal verknüpft – diese Verknüpfungen haben mit der Buddhalehre nichts zu tun. Beziehungen sind nichts Absolutes. Nur Normalbürger verlassen sich auf sie, denn sie halten sie für real. Doch sieh, wirst du die Geliebte, die du heute in die Arme schließt, nicht an den Tod verlieren? Selbst ein Millionär fällt zu Boden, wenn die Zeit für ihn kommt.

Die Alten sehnen sich zurück nach den guten Zeiten und reden nur von früher. Und die Jugend macht sich darüber lustig. Doch was machen die jungen Leute? Sie sagen: „Früher oder später werde ich es euch schon zeigen!" Auf diese Weise wird das, was sie jetzt tun, zum Provisorium für den Augenblick. Wir lachen und weinen, zürnen, klagen und leiden innerhalb von horizontalen und vertikalen Verknüpfungen. „Herumtreiben" bedeutet ein Leben, in dem wir uns auf diese horizontalen und vertikalen Verknüpfungen verlassen, während wir den Augenblick hier und jetzt vernachlässigen. Literatur beschreibt diesen Wirrwarr innerhalb der horizontalen und vertikalen Verknüpfungen. Deshalb gibt Dôgen Zenji, der mit diesen Verknüpfungen nichts zu tun haben wollte, auch keinen Stoff für Romane her.

Die horizontalen und vertikalen Verknüpfungen stellen die vergängliche Welt dar, während das, was ohne horizontale und vertikale Verknüpfungen nur hier und jetzt besteht, Zazen ist. Was ohne diese Verknüpfungen besteht, wird ausgedrückt in den Worten: „Alle Dinge sind Gestalt der Wahrheit."

26. An dich, der du gerne Erbauliches hörst

Die Leute sagen: „So viel der Sawaki auch erzählen mag, es erbaut mich nicht im Allergeringsten!" Das ist doch selbstverständlich. Nichts an mir ist erbaulich. Die Buddhalehre versucht doch genau, dich an den Ort zu führen, an dem „nichts dabei" ist.

Manche sagen: „Wenn ich den Sawaki reden höre, kühlt sich mein Glaube ab." Denen will ich den Glauben demnächst ganz aufs Eis legen! Denn solch ein Glaube ist nichts anderes als Aberglaube. Andere sagen: „Sawakis Gerede erweckt keinen Glauben in mir." Es erweckt keinen Aberglauben bei dir, wunderbar!

Es gibt nichts Komischeres als alte Omas, die nach „Erbauung" suchen. Alles ist für sie erbaulich, selbst wenn es weniger taugt als Spatzenscheiße. Doch diese „Erbaulichkeit" ist der Grund allen Irrtums, denn am Ende geht es dabei nur um dich selbst. Du verlässt dich auf Buddha in der Hoffnung auf Leckerbissen.

Welches Sutra du auch liest, überall ist die Rede davon, für den Weg Leib und Leben hinzugeben. Wie kommt es da, dass alle Welt glaubt, Religion bedeute, für gute Gesundheit und erträgliche Geschäfte zu beten?

Wie viel Gutes du auch zu tun glaubst – alles, was ein Mensch tut, ist schlecht. Gibst du etwas her, dann denkst du tagein, tagaus: „Ich hab's ihm geschenkt!" Praktizierst du religiöse Übung, so sagst du dir: „Ich übe, ich übe!" Und wenn du Gutes tust, vergisst du nie: „Ich tue Gutes, ich tue Gutes!" Bedeutet das nun, dass wir lieber Schlechtes tun sollten? Nein, denn selbst wenn wir Gutes tun, ist es schlecht – wenn wir Schlechtes tun, ist es noch schlechter.

„Hüte dich davor, Gutes zu tun!" Denn wer Gutes tut, der glaubt, selber Gutes getan zu haben, deshalb ist er schlechter als einer, der Schlechtes tut. Ist das nicht goldig, wenn einer etwas Schlechtes tut? Denn in seinem Innersten wird der dabei ganz klein.
„Heißt das, dass ich Schlechtes tun soll?"

„Selbst das Gute lass sein, wie viel mehr noch das Schlechte![31]*"*

Wenn du Gutes tust, beginnst du dich aufzuregen über all das Schlechte, das dir plötzlich bei den anderen auffällt. Wenn du Schlechtes tust, bleibst du ruhig, denn dein eigener Arsch juckt dich. Nicht nur, wenn es ums Geld geht, fangen die Menschen an zu berechnen. Bei allen Dingen und in allen Lagen versuchen sie, hinunter oder herauf zu feilschen. Das liegt daran, dass ihr Körper und Geist nicht abgefallen sind. Erst wenn Körper und Geist abfallen, zählt dieses Kalkulieren nichts mehr. Der abgefallene Körpergeist ist das Maß- und Grenzenlose.

Wenn einer mal wieder einen tollen Spruch gemacht hat, sage ich: „Da ist der Reisbrei am Dampfen!" Soll heißen: Mit vollem Bauch lässt sich leicht groß daher reden.

Streit, Sex, Gier und Lügen – mit anderen Worten: Die Menschenwelt.

Du irrst dich, weil du über alles als fleischlicher Mensch nachdenkst.

„Die Weide ist grün, die Blüten sind rot."
Buddhalehre ist das Selbstverständliche. Doch die Menschen stülpen Überflüssiges darüber. „Gut", „schlecht", „nützlich", „unnütz" und so weiter.

Zazen? Einfach sitzen? Die Welt interessiert sich dafür nicht. Die Leute wollen eine Melodie. Lieber singen sie Lobgesänge und fühlen sich erbaut dabei.

Ehe du dich versiehst, geht es dir schon wieder um menschliches Glück und Unglück, Liebe und Hass, Gut und Böse.

„Tu Gutes, lass das Schlechte." Darüber gibt es keinen Zweifel, aber: Steht denn fest, was gut und was schlecht ist? Gutes und Schlechtes gehen Hand in Hand.

---

[31] In Anlehnung an Shinran, den Gründer des Jôdô-Shin-Buddhismus, der lehrt, dass kein Mensch aus eigener Kraft zur Erlösung kommen kann.

Zazen ist jenseits von Gut und Böse. Es geht uns hier nicht um moralische Fortbildung. Zazen findet da statt, wo Schluss ist mit Kommunismus und Kapitalismus.

Solange du nicht krank bist, vergisst du deinen Körper. Auch ich hatte meine Beine vergessen, als sie noch rüstig waren, gleich ob ich ging oder lief. Dass mir die Beine in letzter Zeit so wichtig vorkommen, rührt daher, dass sie krank sind. Wer gesund ist, der arbeitet, ohne sich seiner Gesundheit bewusst zu sein. Was dich stört, sind die Makel. Wenn kein Geistesding zum Vorschein kommt, ist auch nichts dabei.
Buddhismus lehrt die Befreiung, die über Verträge und Worte hinausgeht. Das wird nur direkt von Buddha zu Buddha kommuniziert. Wenn nicht beide Seiten von vornehrein verstehen, wird es nie verstanden werden.

Wenn so etwas wie die Leere oder das Nichts „existierte", wäre es nicht die Leere oder das Nichts. „Die Leere erblicken" bedeutet, dass es da nicht einmal eine Leere zu erblicken gibt.

27. An dich, der du nach deinem Selbst fragst

Du kannst dich nicht selbst greifen und festhalten. Du verwirklichst dich in genau dem Augenblick, in dem du dich vollkommen an das Universum aufgibst.

Nur das „Ich", das ich mir nicht selbst ausgedacht habe, bin ich wirklich.

Das, was jenseits deiner Privatangelegenheiten liegt, wird mit Worten wie *„Alle Dinge sind Gestalt der Wahrheit"* oder *„Alles Sein ist Buddhanatur"* bezeichnet.

Das ganze Universum strahlt im Licht des Selbst. Du bist das ganze Universum. Du bist nicht das alberne Geschöpf, das mit dem Kleingeld im Portemonnaie klimpert.

Dein Körper ist das ganze Universum. Wenn du nicht dieses Selbstvertrauen hast, wirst du irgendwo hängenbleiben. Wenn du eifersüchtig bist und von einer Laune in die andere fällst, bedeutet das, dass du hängengeblieben bist.

Glaube besteht aus der Überzeugung, dass du das ganze Universum bist, egal, ob es dir überzeugend vorkommt oder nicht. Dieser Glaube ist die einzige Form von religiöser Praxis, die niemals abflaut.

Buddhaweg bedeutet, an die eigene Buddhanatur zu glauben.

Jeder von uns, ob du es weißt oder nicht, hat Buddhanatur. Das heißt, du bist Teil von allen Dingen als Gestalt der Wahrheit.

Die Gestalt der Wahrheit liegt offen vor uns. Verschwendete Mühe, daran zu zweifeln.

Beim Buddhaweg geht es um dein splitternacktes, unverbogenes, unbeirrbares Selbst.

Vergiss einfach alles, was du seit deiner Geburt aufgeschnappt hast.

„Abfallen-von-Körper-und-Geist" bedeutet einfach aufzuhören, darauf zu beharren: „Ich bin, ich bin, ich bin!"

Alle Dinge sind Inhalt deiner selbst. Deshalb muss dein Handeln auch die Wünsche der anderen berücksichtigen.

Im *Gakudôyôjinshû* steht: „Bodhi-Geist bedeutet das Erkennen der Vergänglichkeit." Im *Vairocana-Sutra* heißt es wiederum: „Bodhi bedeutet, den eigenen Geist direkt zu erkennen." Das heißt, dass die Vergänglichkeit zu erkennen in erster Linie bedeutet, sich selbst zu erkennen.

„Nicht-Ich" ist keine geistige Umnachtung. Es ist das Eins-Werden mit dem Universum.

„Nicht-Ich", umgekehrt ausgedrückt: *„Alle Dinge sind Gestalt der Wahrheit".*

Nicht-Ich oder Ungeist bedeutet nicht, sich untätig in Bewusstlosigkeit abdriften zu lassen. Ungeist bedeutet auch nicht, der Notwendigkeit zu trotzen. Nein, es bedeutet der kosmischen Ordnung zu folgen. Leben, eingebunden ins Universum.

Ist Leben innerhalb der Zeit? Anders herum: Die Zeit ist innerhalb des Lebens. Und nur innerhalb deiner Praxis gibt es Leben.

Du bist du selbst und gleichzeitig das ganze Universum. Du bist das ganze Universum und gleichzeitig du selbst. Das ist genau das, was dieser Satz aus dem *Lotussutra* ausdrückt: *„Es gibt nur den Dharma des einen Gefährts, nicht zwei, nicht drei."*

Wenn ein Wassertropfen sich im Meer auflöst und wenn ein Staubkörnchen im Erdboden versinkt, dann ist der Wassertropfen bereits das Meer und das Staubkorn ist die Erde.

Wenn die Frucht der religiösen Idee zu voller Reife gelangt, manifestiert sie sich als das, was im Buddhismus „das Selbst, das das ganze Universum füllt" genannt wird.

Dem Buddhaweg darf auch das Gesellschaftsbewusstsein nicht fehlen. Wenn sich die Buddhalehre auf der einen und die Menschen mit ihren Wünschen und Gefühlen auf der anderen Seite gegenseitig anstarren, dann trennen sich die Lehren von absoluter Wirklichkeit und vergänglicher Welt. Doch für einen Buddha stellen die verirrten Lebewesen die Stammkundschaft dar, deshalb muss die Buddhalehre hier mit Feingefühl operieren.

Bei allen Dingen, von denen wir Gebrauch machen, an die zu denken, die nach uns kommen, bedeutet, sich der Gesellschaft erkenntlich zu zeigen.

Wo Geist ist, gibt es stets etwas auszusetzen. Wo kein Geist ist, gibt es auch keinen Geist der Güte. Es darf weder Geist geben, noch keinen Geist geben: Das ist schwer. Hier liegt die Bedeutung des Denkens auf dem Grund des Nicht-Denkens, und Undenken ist die eine große Sache, in die sowohl „Geist" als auch „Nicht-Geist" zusammen hineinpassen.

Undenken ist nicht das, was du dir im Kopf ausrechnest.

Wenn im Buddhismus vom „Zustand vor Raum und Zeit" die Rede ist, bedeutet das den Raum und die Zeit, in dem die Dinge noch keine Namen haben. Wie könnte es da eine abschließende Antwort geben?

Von einem wirklichen Buddha kannst du kein Maß nehmen.

Buddha hat keine feste Form. Deshalb kannst du ihn nicht messen.

Wenn du „Amithaba" sagst, klingt das so, als wäre „Amithaba" dein Haustier. Das ist verkehrt. „Amithaba" bedeutet „maßloses Licht und Leben" – in anderen Worten: Grenzenlosigkeit.

Wenn du fragst, was Buddhismus ist, lautet die Antwort: *„Den Buddhaweg ergründen heißt, sich selbst zu ergründen"* (Shôbôgenzô Genjôkôan) und *„den eigenen Geist wirklich erkennen"* (Vairocana-Sutra).
    Religiöse Praxis ist eine Reise zu dir selbst. Pass auf, sonst irrst du noch dein ganzes Leben lang herum wie ein Gespenst, ohne zu wissen, wonach du auf der Suche bist.

Du schreitest fort in deiner Übung auf der Suche nach der einen Sache ohne eigene Natur, ohne Gewinn, während du dir Blasen läufst in deinen Strohsandalen. Aber diese Übung darf nicht auf irgendetwas außerhalb deiner selbst gerichtet sein. Sie muss das Umkehren des Lichtscheins und das Leuchten in dein Inneres sein. Im *Bendôwa* redet Dôgen Zenji vom „Dharma-Tor von Frieden und Glück", doch dieser Frieden und dieses Glück sind nicht Frieden und Glück im weltlichen Sinn. Mit Frieden und Glück im weltlichen Sinn Schluss zu machen bedeutet, wahren Frieden und wahres Glück zu finden.

Die Buddhalehre liegt nicht fern von dir, doch du darfst auch nicht darauf warten, sie geschenkt zu bekommen. Es geht darum, dir klar über dich selbst zu werden.

28. An dich, der den Buddhismus für einen klugen Gedanken hält

Ein Gedanke gründet sich auf den Stand der Dinge, wenn alles bereits abgeschlossen ist. In der Buddhalehre geht es um die nie abzuschließende Sache, um die Dinge in Bewegung.

Religion ist kein Gedanke. Sie ist Praxis.

Religiöse Praxis ist konkrete Tatsache. Keine Arznei-Reklame.

Das Experiment des Wissenschaftlers: In unserem Fall entspricht es der praktischen Übung. So wie Wissenschaft ohne Experiment witzlos ist, ist auch Buddhismus ohne Praxis witzlos.

Verliere dich nicht in Gedanken über die Buddhalehre!

Pass auf, dass du den Buddhadharma nicht wie eine Konservendose anfasst, die mit den konkreten Tatsachen des Lebens nichts zu tun hat.

Alles, was aus deinem Mund kommt, deine Erklärungen und Aufsätze: Leeres Gerede! Deine Gesichtszüge verraten bereits, was Sache ist.

Die Buddhalehre steckt nicht in Büchern. Wie viele Sutren sich auch in der Bibliothek stapeln mögen, ohne einen Menschen, der sie liest, sind sie für nichts gut. Weil Buddhalehre Praxis ist, geht es ihr nur um Menschen und Menschen, um dich und mich.

Der Inhalt von Begriffen und Ideen ändert sich jeden Augenblick. Nichts ist fixiert. Deshalb heißt es im *Hannya-Shingyô (Herz-Sutra)*, dass Auge, Ohr, Nase, Zunge, Leib und Geist nicht existieren und dass sämtliche Phänomene und der ganze Wahrnehmungsprozess an sich leer sind. Wo auch immer du hinblickst, keine zwei Dinge sind gleich. Jeder von uns hat sein eigenes Gesicht.

„Form ist Leere, Leere ist Form." Wenn du es in Worte fasst, bringst du eine Ordnung hinein. Wenn du es ausspricht, kommt eins vor dem anderen. In Wirklichkeit ist es gleichzeitig. In Wirklichkeit bedeutet: in der Praxis.

Wenn die Tatsache vorliegt, sind Worte überflüssig. Worte ohne Realität sind leere Theorie. Wenn wir den Inhalt haben, sind wir frei von den Worten.

Die Wirklichkeit kannst du mit Worten vollkommen frei ausdrücken. Doch diese Worte selbst sind nicht die Wirklichkeit. Wenn die Wirklichkeit in den Worten selbst steckte, müsstest du dir die Zunge verbrennen, wenn du „Feuer" sagst. Und immer, wenn du vom Wein sprächest, müssest du betrunken werden. In Wirklichkeit ist es nicht so einfach.

Was ohne Realität ist, taugt nichts, egal, wie wir es nennen. Gleich wie wir sie wenden, mit Theorie kommen wir nicht weiter. Worte sind nicht mehr als Worte. Ich habe eine Menge Bücher des Philosophen Nishida Kitarô gelesen und kam mir dabei vor wie bei einer Entdeckungsreise auf der Suche nach neuen Wörtern.

Wer es nicht auch mit einfachen Worten sagen kann, der hat seine Wissenschaft nicht gründlich verdaut.

Die Professoren der Buddhologie verbringen ihr ganzes Leben damit, die Anzahl provisorischer Lehren auszurechnen, ohne je ein Stück von der Wahrheit selbst in den Magen zu bekommen. So verwechseln die Buddhologen das Leben einer Registrierkasse mit dem eines Millionärs.

Wissenschaftler sind eigenartige Menschen: Sie sind dabei, ein Diagramm der fünfundzwanzig Arten von Existenzen in den drei Welten zu machen, zuerst mit schwarzer Tusche und einem feinen Pinsel, darüber zusätzliche Eintragungen mit roter Tinte, und am Ende noch ein paar Randkommentare mit Kreide. Auf diese Weise vollführen sie ihre prächtige Arbeit, doch ach!, sie haben keinen Schimmer, was das alles mit ihnen selbst zu tun haben könnte.

Die Inder lieben es, alles genau abzuzählen. Für alles und jedes haben sie die genaue Anzahl parat. Die genaue Anzahl der verschiedenen Arten, sich die Nase zu putzen, einen Furz ziehen zu lassen und so weiter.

Ich habe gehört, dass in Indien die Religion in einer Schublade mit Kunststücken und Magie steckt.

Auch wenn Kumarajivas Übersetzung des *Lotussutra* von eleganterem Stil sein sollte als der Originaltext, was ist schon dabei? Es geht doch nur darum, soviel Inhalt wie nur möglich aus der Buddhalehre herauszuholen. Oder ist die Buddhalehre nur noch Philologie und Geschichte?

Buddhologen betrachten den Buddhismus als Quellentext, nicht als Ausdruck ihres eigenen Lebens.

Die Basis der Soziologie muss darin bestehen, den Geist aller leidenden Wesen zu deinem eigenen Geist zu machen.

Du musst dir darüber klar sein, dass es einen großen Unterschied darstellt, ob du vollkommen bereit für die Aufnahme einer Sache bist oder nicht. Das gilt für jedes einzelne Gebot, für jedes einzelne Sutra, für jeden einzelnen Gedanken und für jede einzelne Kultur. Und das gilt für dein ganzes Leben.

Nichts ist so verlogen wie ein Buddhismus ohne praktische Übung. Nur wenn du die Sutren als symbolischen Ausdruck der Praxis verstehst, erkennst du darin Kunstwerke, die nicht stiller und transparenter sein könnten.

Die Überlieferung findet außerhalb der Sutren statt. Wir stützen uns nicht auf Worte, denn in den Sutren befindet sich kein Buddhadharma. Bedeutet das, dass die Sutren nichts als Lügen sind? Nicht unbedingt. Die Sutren sind so wahr wie der Blick in den Augen, die sie lesen.

Zucker ist süß, auch wenn er schweigt. Er sagt nicht: „Glaub mir, ich bin so *süüüß*." Wenn wir nur das Wort „Zucker" sagen, schmeckt das dagegen nicht süß. Nur wenn wir daran lecken, ist Zucker süß. Denn Zucker ist kein Wort. Bedeutet dies, dass Worte keine Bedeutung haben? Nein, denn ich brauche nur „Bring mir den Zucker!" zu sagen, und sieh, schon bringt mir jemand Zucker. Oder was würdest du mir bringen?

Der Buddhismus ist deshalb so schwierig, weil er die Lehre lehrt, die unaussprechlich und unerklärbar ist. Anders gesagt, er lehrt ohne Worte. Alles, was du verstehen und auswendig lernen kannst, ist kein Buddhismus.

Alte Leute berufen sich immer dann auf ihre „Lebenserfahrung", wenn ihre alten Angewohnheiten in Frage gestellt werden. Echte Weisheit lässt sich dagegen von nichts aus dem Gleichgewicht bringen, selbst wenn sich alles rund herum ändert.

Sich mit Leib und Seele an die Praxis hinzugeben bedeutet, echte Weisheit zu polieren, bis sie glänzt. Es reicht nicht, über Weisheit nachzugrübeln.

Als der zweite Patriarch, Großmeister Eka, zum ersten Mal Bodhidharma aufsuchte, erhielt er keine Erlaubnis, einzutreten. Es war in einer schneereichen Nacht am neunten Dezember, als er vor dem Fenster stehend auf die Morgenröte wartete. In den alten Texten heißt es: „Der Schnee reichte ihm bis zu den Hüften, die Kälte drang ihm bis in die Knochen." Bodhidharma sprach, ohne sich umzuwenden: „Eingebildet und oberflächlich wie du bist, solltest du nicht leichtherzig nach der wahren Lehre fragen." Eingeschneit bis zu den Hüften, bis auf die Knochen durchgefroren, kann man Ekas Anliegen kaum leichtherzig nennen, oder doch? Da hackte sich Eka den linken Arm ab und hielt ihn Bodhidharma hin. Es heißt, dass Bodhidharma in daraufhin einließ mit den Worten: „Alle Buddhas vergaßen die gestalthafte Welt vollkommen, als sie zum ersten Mal nach dem Weg suchten. Auch du, der du deinen Arm vor meinen Augen abschneidest, hast hier noch etwas zu suchen." Nachdem sich der zweite Patriarch den Arm abgehackt hatte, musste er einen großen Blutverlust erlitten haben. Mir graust bei dem Gedanken, ob die Wunde wenigstens verbunden wurde, bevor der Dialog fortgesetzt wurde.

29. An dich, der du nur glaubst, dass du glaubst

Viele verwechseln eine Art Rausch mit Glauben. Es gibt da einen der Ehrfurcht ähnlichen Rausch, der aber nur eine Täuschung ist. Glaube ist umgekehrt: Vollkommenes Nüchternwerden von jeglichem Rausch.

Wenn in der Welt vom Geist des Glaubens die Rede ist, denken die meisten an nicht mehr, als dem Buddha den Speichel zu lecken: „Mit den anderen mach', was du willst, aber bitte, bitte, gib wenigstens mir einen Platz erster Klasse im Paradies!" Solche Gebete haben mit dem Geist des Glaubens nichts zu tun. Glaube bedeutet lautere Klarheit, und Geist bedeutet den all-einen Geist der drei Welten. Das bedeutet also das Klar- und Reinwerden des einen Geistes der drei Welten. Den Geist des Glaubens zu haben heißt: sich über den eigenen Geist wirklich klar werden.

Glauben bedeutet, klar und rein zu sein. Er besteht aus Gelassensein. Doch immer wieder gibt es Leute, die Gläubigkeit mit Aufgeregtsein verwechseln und mit allen Kräften versuchen, sich in Aufregung zu versetzen. Plötzlich stellen sie fest, dass es gar nicht so einfach ist, sich in Aufregung zu versetzen: Dann tun sie wenigstens aufgeregt.

In alter Zeit wurden die Menschen in tiefe Ehrfurcht versetzt, wenn sie hörten, dass Amithaba Buddha in der Stunde ihres Todes zu ihnen herabkäme, um sie abzuholen. Wie unterscheidet sich das von einem, der sich von einem Fuchs an der Nase herumführen lässt?

Alle wollen ins Paradies, aber hat es je einer gesehen? Wenn ja, dann muss sich derjenige tief im Rausch befinden.

Da gibt's Leute, die wollen so lange wie möglich leben. Als Religion ist ihnen alles recht. Woran wir glauben, spielt für sie keine Rolle. Sie leben ihr Leben ins Blaue hinein.

Wenn ein Kult anfängt, die Massen anzuziehen, glaubt plötzlich jeder, dass etwas Wahres dran sein muss.

Die Zahl der Anhänger sagt nichts darüber aus, wie viel Wahrheit in einer Religion steckt. Wäre es nicht der Kult der Normalbürger, der die meisten Mitglieder hat? Nein, die Bakterien, von denen gibt's noch mehr!

Was sind das denn für Wahnideen, die unter den Etiketten „Glaube", „Satori" und dergleichen an den Mann gebracht werden?

Wir müssen uns aus unserer verkrampften Normalbürger-Einstellung herauslösen. Glaube bedeutet lautere Klarheit: Wind und Wellen müssen sich beruhigen.

Glaube bedeutet nicht, für gute Gesundheit, erträgliche Geschäfte, ein harmonisches Familienleben oder das Gedeihen der Kinder zu beten. Ich definiere Glaube als rein und klar. Mit anderen Worten: Lauterkeit und Gelassenheit, in der sich die Trübe gesetzt und die Aufregung gelegt hat. Das heißt nichts anderes, als zu voller Besinnung zu kommen.

Glaube darf kein Gerücht aus zweiter Hand sein. Auch Buddha darf kein Gerücht sein. Wenn es nicht um dein Problem in der Realität hier und jetzt geht, hat es mit Glaube nichts zu tun. „Lass uns das mal auf demnächst verschieben" – so lässt sich das Problem nicht abtun. Die Frage ist, ob du hier und jetzt Buddhas Leib wirklich siehst und seine Lehre wirklich hörst.

Du darfst nicht andere nach deinem Weg fragen. Du musst erst einmal zu dir selbst zurückkehren. Wenn du glaubst, dass Amithaba Buddha irgendwo da drüben auf der anderen Seite weilt, während du hier deine Anrufungen machst, wird er sich nach Westen zurückziehen, während du nach Osten abgleitest, und am Ende verliert ihr euch ganz aus den Augen.

Da gibt's Kerle, die Buddhas Namen anrufen, als wollten sie ihn mit ihrem gläubigen Herzen bestechen. Andere glauben, dass wir Zazen üben, um Satori zu bekommen. So lange es nur um dich persönlich geht, hat das mit der Buddhalehre nichts zu tun.

Deine persönlichen Probleme sind uninteressant. Das kosmische Ganze ist das Problem, um das es geht. Egal, wie groß dein Satori und wie hoch deine Auszeichnungen sind, ganz gleich, wie gemeinnützig und gut du bist, wenn das nichts als deine individuelle Person betrifft, ist es bloß eine Szenerie im Theater der Selbst-Täuschung. *„Namu"* (wörtlich: „Ich nehme Zuflucht!") bedeutet zurückzukehren zu dem, was jenseits deiner Privatangelegenheiten liegt.

Wo Subjekt und Objekt getrennt sind, gibt es keine Buddhalehre.

Ein Buddha nimmt selbst das Wort „Buddha" nicht in den Mund.

30. An dich, für den das Shôbôgenzô hartes Brot ist

Weil du die Buddhalehre vom Standpunkt menschlichen Denkens aus verstehen willst, gehst du in die um 180 Grad verkehrte Richtung.

Dôgen Zenji erwartet nichts Menschenunmögliches von uns. Es geht ihm nur darum, natürlich zu werden, ohne leere Gedanken und Sonderbarkeiten. Überhaupt verlangt der Buddhismus nach nichts Sonderbarem, sondern nur nach Ursprünglichkeit. Selbst wenn uns manche Verse in den Sutren sonderbar erscheinen mögen – beispielsweise: „Das weiße Härchen zwischen den Augenbrauen lässt die dreitausend großen Welten erstrahlen" – so sind das doch nur literarische Symbole für das Königs-Samadhi.

Dôgen Zenjis ganzes Leben war ein unverfälschtes Sich-Vertiefen.

Selbst heute gibt es noch welche, die Großmeister Kôbô kennen, ohne jemals von Dôgen Zenji gehört zu haben. Denn bei Kôbô gab es ständig spirituelle Ereignisse. Beispielsweise bekomme ich häufig Matatabi-Früchte aus der Provinz Echigo zugeschickt. Im Begleitschreiben dazu steht, dass Kôbô, als er einmal auf der Reise zusammenbrach, auf der Stelle Früchte von einem solchen Strauch aß, um wieder zu Kräften zu kommen und die Reise fortsetzen zu können. Deshalb heißen die Früchte heute Matatabi (wörtlich: „Wieder auf die Reise gehen"). Jeder ist von Kôbô beeindruckt, denn alles, was er tat, wurde zu einem Ereignis.

Bei Dôgen Zenji gibt es dagegen nicht das geringste Ereignis. „Sitz einfach! *Shikantaza!*" – das ist nicht so beeindruckend. Wie könnte das, was Normalbürger spirituelle Ereignisse oder erbauliche Wohltaten nennen, je etwas mit der Buddhalehre zu tun haben? Buddhalehre ist grenzenlos und für Normalbürger nicht zu begreifen.

Kein Buddha außer der Praxis, keine Lehre außer dem Undenken. Das sind die Grundsätze von Dôgen Zenji.

Wenn du das Denken loslässt, hören „Irre" und „Erwachen" auf, eine Rolle zu spielen.

Denken auf dem Grunde des Nicht-Denkens: Was weder Worte noch Geist auszudrücken vermögen – denke es, indem du stirbst!

„Den Buddhaweg ergründen heißt, sich selbst zu ergründen. Sich selbst ergründen heißt, sich selbst zu vergessen. Sich selbst vergessen heißt, von den zehntausend Dingen bestätigt zu werden." (Shôbôgenzô Genjôkôan)
Das bedeutet, dass ich selbst gemeinsam mit allen anderen die Buddhaschaft erlange.

Die Sache, die an Dôgen Zenji am meisten fasziniert, ist, dass er dich selbst als Buddhalehre ins Auge fasst, anstatt Märchen für Normalbürger zum Besten zu geben. Deshalb trennt er uns auch nicht von Amithaba und Shakyamuni, sondern spricht vom Fahrzeug des einen Buddha, und der bist du selbst. Da versteht es sich von selbst, dass für Dôgen Zenji die Praxis des Zazen das Gedeihen des Buddhadharma bedeutet, und nicht etwa das Errichten von Tempelhallen und Pagoden.

Dôgen Zenjis Zazen ist vollkommen transparent. Es bringt dem Normalbürger nichts: *„Übe die Buddhalehre nicht um deiner selbst willen. Übe sie nicht, um dir einen Namen zu machen. Übe sie nicht, um Verdienste zu erwerben. Übe sie nicht, um spirituelle Erlebnisse zu haben. Übe die Buddhalehre einfach der Buddhalehre zuliebe." (Gakudôyôjinshû)* Das ist sein Dharma.

Dôgen Zenji „kehrte mit leeren Händen heim" *(Eihei Kôroku)*. Als er zurück nach Japan kam, zeigte er kein Satori herum wie andere ihre Tätowierungen. „Du musst durch Zazen zum Satori gelangen!" – ganz offen und ungekünstelt erlöst uns die Heimkehr mit leeren Händen von dieser krampfhaften Einstellung.

In unserer Religion gibt es Erwachen bereits seit ewiger Vergangenheit. Wir müssen es lediglich in die Praxis umsetzen. *„Wenn dein Leib aus dem ursprünglichen Erweis hervorkommt, wirkt die Praxis überall in diesem Leib." (Shôbôgenzô Bendôwa)*

„Seit über zweitausend Jahren werden wir vom ehrwürdigen Shakyamuni in unserer Übung des Erwachens vorangeleitet", sagt Dôgen Zenji. Hoppla, wenn wir nicht aufpassen, könnten wir meinen, wir müssten erst noch zum Erwachen kommen!

Die Übung, die über den Erweis hinausgeht, schließt die Lücke zwischen uns und Buddha.[32]

Untrennbarkeit von Übung und Erweis heißt: „Praxis ist Satori!"

Wenn du deinen Reis isst, dann isst du und isst du und isst du, und dein Bauch füllt sich, nicht wahr? Genau das ist es, was „Einheit von Übung und Erweis" genannt wird. Wenn du dir einmal den Bauch vollgeschlagen hast, heißt das nicht, dass du nie wieder zu essen brauchst. Du musst dein ganzes Leben lang täglich essen. Genauso musst du auch mit der Praxis lebenslang fortfahren.

Wenn du dich so sehr auf dein Kôan konzentrierst, dass dich kein einziger Gedanke mehr stört, bedeutet das nur, dass du deine störenden Gedanken für den Augenblick in die Ecke geschoben hast. Bei Dôgens Zenjis Praxis des einfach Sitzens geht es um Größeres: Du musst die ganze Landschaft deiner selbst überblicken.

Dass Buddhas und Patriarchen Zazen authentisch weitergeben bedeutet, dass sich keiner von uns die Praxis allein ausgedacht hat. Weitergabe ist nicht der Transport irgendwelcher Güter.

„Andere hinüberzuretten, bevor ich mich selbst rette." Das ist der Gipfel der Selbstlosigkeit, auf dem ich mich selbst wegwerfe und dadurch die Trennung von mir und den leidenden Wesen aufhebe.

---

[32] „Die Übung, die über den Erweis hinausgeht" ist ein Zitat aus *Bendôwa*, mit dem Dôgen betont, dass die Übung nicht auf den Erweis (Satori) gerichtet ist, sondern nur auf der Grundlage des Erweises von Buddha praktiziert werden kann. Dôgen verwendet den Begriff „Erweis" (jap. *Shô*), der auch als „Beweis" oder „Zeugnis" übersetzt werden kann, gleichbedeutend mit Satori. In *Shôbôgenzô*-Kapiteln wie dem *Genjôkôan* oder *Bendôwa* geht es Dôgen um den Punkt, dass die Praxis selbst bereits Manifestation von Satori ist. Satori wird deshalb als Erweis der Praxis verstanden. Für Dôgen gibt es kein Satori getrennt von der Praxis, und umgekehrt ist Praxis nur auf der Grundlage des Satori möglich. Es gibt keinen Buddha, außer in unserer Praxis dieses Augenblicks, gleichzeitig aber wäre diese Praxis nicht möglich, wenn wir nicht bereits Buddha wären.

Bodhi-Geist zu erwecken heißt sich vorzunehmen, vor der eigenen Erlösung zuerst die anderen zu erlösen. Vor der eigenen Erlösung die anderen zu erlösen heißt, dass ich und alle leidenden Wesen der Erde zugleich den Weg erlangen. Das bedeutet wiederum, am eigenen Leib zu erfahren, dass Berge und Flüsse, Gräser und Bäume und alles Land der Erde ohne Ausnahme Buddhanatur sind. Mit anderen Worten: Es bedeutet, nach Hause zurückzukehren.

Im *Zazenyôjinki* (wörtlich: „Aufzeichnungen von Punkten, auf die beim Zazen zu achten ist", ein Werk von Dôgen Zenjis Nachfolger in dritter Generation, Keizan Jôkin) heißt es:
„Zazen ist wie das friedliche Sitzen nach der Heimkehr." Erschöpft nach Hause kommen und sich in Ruhe hinsetzen, das bedeutet Zazen. Und nicht nur Zazen: Dôgen Zenji lehrt, dass einer, der Zazen übt, auch isst und kocht. Aus diesem Geist entspringt sein *Tenzo Kyôkun* (wörtlich: „Anweisungen für den Koch").

Das *Eihei Shingi* (wörtlich: „Die reinen Regeln des Eihei") spricht davon, wie wir mit Händen und Füßen umgehen, wie wir mit unserem Leben umgehen. Dennoch gibt es Wissenschaftler, die verkünden: „Wir sind im *Eihei Shingi* auf interessante Quellentexte gestoßen!"

Der Buddhadharma ist unser Verhalten. Unser Verhalten muss zum Buddhadharma werden. Als Buddha noch in der Welt weilte, verhielten sich alle richtig. Auch Dôgen Zenji lehrte nicht die unerschütterliche Ruhe des Geistes, sondern unerschütterliche Ruhe des Körpers.
Die Grundlage deines Benehmens muss es sein, Mund, Zunge, Nase, Auge und Ohr nicht zu missbrauchen. Du musst genau auf deine Haltung Acht geben. Ein Mönch muss die Einstellung eines Mönches haben.

In unserer Religion ist der Sinn des Essens nicht bloße Nahrungsaufnahme. Essen ist absolut Essen.

Wichtig ist exakt *der* Ort, den du *jetzt* unter den Füßen hast.

Kein Fisch sagt: „Ich hab' das ganze Wasser schon durchschwommen."
Und kein Vogel sagt: „Den Himmel hab' ich bereits durchquert."
Trotzdem schwimmt der Fisch im *ganzen* Wasser, und der Vogel fliegt im *ganzen* Himmel. Sowohl Hering als auch Wal schwimmen im ganzen Wasser. Nicht Quantität, sondern Qualität ist das Problem. Der Wirkungskreis unserer Hände und Füße ist nicht mehr als ein Quadratmeter, und dennoch wirken wir im ganzen Universum.

Es heißt, wenn der goldene Phönix mit den Flügeln schlägt, schafft er das ganze Wasser aus dem Meer, so dass die Drachen am Meeresgrund zum Vorschein kommen. Der Phönix schnappt sie sich und frisst sie auf. Doch selbst dieser Phönix wird nie bis ans Ende des Himmels fliegen können. Andererseits fliegt selbst ein Spatz, wenn er fliegt, stets im ganzen Himmel. Das ist die Verwirklichung offenbarer Tiefe. Es bedeutet, endlosen Raum und endlose Zeit hier und jetzt zu leben.

Buddhadharma besteht in der Praxis von Ewigkeit in diesem Augenblick.

„Tausend Sutren und zehntausend Erkenntnisse reichen nicht an einen einzigen Erweis heran." (Shôbôgenzô Den-e)
Buddhalehre ist vor allen anderen Dingen Erweis.

In der Mitte des sino-japanischen Schriftzeichens „ben" in *„Bendôwa"* (wörtlich: „Gespräch über das Ergründen des Weges", ein Werk von Dôgen Zenji, 1234) findest du das Zeichen für „Kraft". Deshalb bedeutet *„bendô"*, seine Kräfte für den Weg zu erschöpfen.

Ein Christ fragte mich einmal: „Mein Pfarrer hat gesagt, dass keine Religion so viele Lügen verbreitet wie der Buddhismus. Stimmt das wirklich?" Da habe ich geantwortet: „Du hast den Nagel auf den Kopf getroffen, Schlaukopf!" Sowohl das *Lotussutra* als auch das *Blumengirlanden-Sutra* und das *Shôbôgenzô* sind nichts als lauter Lügen, wenn sie nicht in die Praxis umgesetzt werden.

Ohne Zazen ist Buddhismus eine reine Lüge.

„Die eine große Sache meines lebenslangen Suchens wurde hier abgeschlossen." *(Shôbôgenzô Bendôwa)* Das ist nichts besonders Großartiges. Bei allen von uns ist die eine große Sache unseres lebenslangen Suchens längst abgeschlossen. Denn keinem Menschen fehlt irgendetwas. Shakyamuni unterscheidet sich da kein bisschen von dir oder mir. Sich selbst für töricht zu halten: Das ist die allertörichste Sache, die es gibt.

Laut Dôgen Zenji spielt es keine Rolle, ob wir erwacht sind oder nicht: „Die Augen liegen waagrecht, die Nase steht senkrecht." Viel mehr ist nicht dran am Menschen, egal, ob erwacht oder unerwacht.

Da gab's mal einen, der Dôgen Zenji „unvollendet" nannte. Na und, will er damit denn behaupten, dass er selbst vollendet ist? Was vollendet ist, ist nicht besser: Fertigprodukte sind eine Ecke weniger wert.

„So wie es ist" – die Untrennbarkeit von Sein und Nichts heißt: „So". Was weder Sein noch Nichts ist, ist: „wie es ist". Sein bedeutet Gestalt und Unterschiede. Nichts bedeutet Gestaltlosigkeit und Leere.

Von Zeit zu Zeit passiert es, dass es uns so vorkommt, als wären Gut und Böse ausgemachte Dinge. Dôgen Zenji sagt: „Gut und Böse sind Zeit. Zeit ist nicht gut oder böse." *(Shôbôgenzô Shoakumakusa)* Wir müssen dort anfangen, wo es weder Gut noch Böse gibt.

Dôgen Zenji sagt: „Wenn du die Gefahr der Welt erkennst, gibt es für dich keine Gefahr mehr in der Welt."

Es gibt keine Laufbahn im Mönchsleben. Wer versucht, als Mönch Karriere zu machen, ist umsonst in die Hauslosigkeit gezogen. Niemand verabscheute die Ruhmsucht so sehr wie Dôgen Zenji.

Die Menschen in der Welt verstehen höchstens, dass „Not erfinderisch macht". Doch der zweite Patriarch vertraute so sehr auf Bodhidharma, dass er sich sogar seinen Arm im Schnee abhackte. Was hat ihm das eingebracht? Am Ende wurde er von Feinden des Buddhismus verraten und ermordet. Nicht gerade das, was sich Menschen von ihrem Leben erhoffen.

31. An dich, der meint, Buddhismus sei abgehoben

Im Gefängnis werfen sich die Sträflinge vor dem Wachpersonal in die Brust und tönen: „Seht euch doch mal an, ohne uns hättet ihr keine Brötchen zu futtern!" Genauso ist es mit uns Normalbürgern: Eben weil es uns gibt, gibt es die Buddhas. Ohne uns Normalbürger wären die Buddhas längst arbeitslos. Normalbürger und Buddhas existieren nicht getrennt voneinander, sondern stehen miteinander in Beziehung.

Bodhisattva bedeutet einen gewöhnlichen Menschen, der die leidenden Wesen erweckt. Ein Normalbürger, der das Leitmotiv Buddha klar vor Augen hat.

Ein Bodhisattva ist ein Normalbürger auf der Suche nach dem Weg.

Ein Bodhisattva zu sein heißt, sich inmitten des Erwachens zum Verirren zu wagen. Sag nicht: „Ich bin erwacht – sollen die Normalbürger doch sehen, wo sie in ihrer Irre bleiben!" Weil wir es bei der Bodhisattva-Praxis wagen, uns mit den anderen Normalbürgern gemeinsam zu verirren, ist solche Praxis maßlos groß und unbegrenzt weit.

Den Bodhi-Geist zu entfachen bedeutet, andere zu erlösen, bevor ich mich selbst rette. Ich darf mich kein bisschen vom Rest der leidenden Wesen unterscheiden.

Wenn du von Buddha sprichst, denkst du an ein fernes Ding, das mit dir nichts zu tun hat, und deshalb läufst du ziellos im Kreis herum.

Wenn ein Buddha bloß ganz für sich da drüben ein Buddha wäre, dann hätte das mit einem wahren Buddha nichts zu tun. Gerade deshalb, weil er sich auf die leidenden Wesen bezieht, ist ein Buddha ein Buddha.

Die Behauptung, dass es einen Gott außer dir gäbe, ist eine häretische Lehre, die Gott und Selbst trennt. Du selbst musst Gott sein. Wenn es den Schöpfer der Welt irgendwo außerhalb geben soll, hat das mit Buddhalehre nichts zu tun.

Du wirst nicht zum Buddha durch Zazen. Du warst bereits Buddha, lange bevor du mit dem Zazen anfingst. Und es ist nur ein Traum, wenn dieser Buddha sich ärgert, weint oder schläft.

Normalbürger werden von ihrer karmischen Konditionierung herumgehetzt. Während sie die Welt vom Standpunkt ihrer konditionierten Gefühle aus betrachten und sich dabei gegenseitig die Laune verderben, fahren sie fort, von einem Leben ins nächste, von einer Welt in die nächste gezerrt zu werden. Dies nennt man das Herumtreiben im Strudel der Wiedergeburten. Da bleibt uns nichts anderes übrig, als uns hier und jetzt – inmitten dieses Karmas – vom Karma zu lösen. Dafür müssen wir für einen Augenblick die Brille unserer karmischen Wahrnehmung abnehmen, um zu erkennen, was Shakyamuni Buddha beim Erwachen ausdrückte: „Die große Erde und alle Lebewesen auf ihr erreichen in diesem Augenblick den Weg. Berge und Flüsse, Gräser und Bäume sind ohne Ausnahme die Buddhanatur."

Das heißt, dass in Shakyamunis Augen kein einziger von uns in der Irre ist. Es sind wir leidenden Wesen, die eigensinnig darauf bestehen, in der Irre zu ein. Shakyamunis Güte besteht darin, uns zu dieser Tatsache aufzuwecken.

Normalbürger sind durchtriebene Charaktere: Hungergeister, Biester und Höllenbewohner – alle möglichen seltsamen Eigenarten bleiben an ihnen kleben. Am Ende sind sie nichts als ein Haufen Eigenarten.

In alter Zeit erzählte man sich Wundergeschichten. Doch dem Neonlicht der heutigen Wissenschaft halten keine Gespenster stand. Sie haben hier keinen Platz, um sich zu verstecken. Dafür beginnen die modernen Menschen, die über ihre Vorfahren lachen, ihr wahres Gesicht zu zeigen: Die wirklichen Gespenster sind die Menschen, die an ihr „Ich" glauben. Dieser karmische Irrtum setzt sich seit den finsteren Zeiten endloser Vergangenheit hartnäckig fort. Die Anzahl *dieser* Gespenster nimmt keineswegs ab.

Normalbürger und Buddhas haben dieselbe Gestalt. Erwachen und Verirren sind die zwei Seiten derselben Medaille.

Allwissenheit bedeutet zu wissen, dass die Buddhanatur keine Ritzen hat, durch die wir hinausfallen könnten. *„Der Nachtzug trägt dich weiter im Schlaf."*

Die Buddhas in allen drei Welten tragen uns leidende Wesen auf den Schultern, deshalb sind sie stets inmitten der Irre. Sämtliche leidende Wesen werden von den Buddhas der drei Welten gerettet, deshalb sind sie inmitten des Erwachens.

Im Kapitel über das Maß der Lebenslänge im *Lotussutra* heißt es: „Seit ich die Buddhaschaft erlangt habe, sind unzählige Billionen und Billiarden von Kalpas[33] vergangen." Das gilt nicht nur für Shakyamuni. Auch Sawaki Kôdô – und genauso jedes andere Wesen – hat seit endlosen Kalpas die Buddhaschaft erlangt. Das versichert uns das *Lotussutra*. „Buddhaschaft seit Ewigkeiten" ist kein Privileg von Shakyamuni.

Deshalb üben wir nicht jetzt, um später einmal Satori zu erreichen. Unsere Praxis ist kein Hinterherlaufen hinter einem privaten Satori. Wir sind von Natur aus bereits seit Ewigkeiten wahre Buddhas. Zazen bedeutet, als Buddha zu leben. Deshalb nennt man Zazen auch Buddhapraxis.

Wenn wir die Buddhalehre praktizieren, sind wir Buddha. Oder besser: Genau deshalb, weil wir Buddha sind, sind wir imstande, die Buddhalehre zu praktizieren.

Sowohl Amithaba als auch Avalokiteshvara, sowohl Bhaisajyaguru als auch Manjushri und Samantabhadra (Namen von verschiedenen Buddhas und Bodhisattvas des Mahayana-Buddhismus) sind Ausdruck dessen, was in Shakyamuni Buddha steckt.

---

[33] Eine Definition lautet: Angenommen, es gäbe einen Granitblock, der einen Kilometer lang, einen Kilometer breit und einen Kilometer hoch ist. Wenn alle hundert Jahre ein Engel vom Himmel herabsteigt, um mit dem Ärmel seines Federgewandes leicht über den Granitblock hinwegzuwischen, dann werden sich jedes Mal ein paar Staubkörnchen aus dem Granit lösen und zu Boden fallen. Ein Kalpa bezeichnet den Zeitraum, der benötigt wird, bis sich der Granitblock ganz in Staub auflöst. Umgangssprachlich wird daher manchmal auch einfach von der Ewigkeit gesprochen, obwohl der Zeitraum – genau genommen – nicht unendlich, sondern endlich ist.

Wenn du fragst, wer Shakyamuni ist, würde ich sagen: Eher noch als ein weißes Papier ist er so wie der blaue Himmel – vollkommen transparent und mit allen leidenden Wesen überall verbunden.

Buddhalehre ist subjektive Wirklichkeit. Wo diese zur persönlichen Ansicht herabsinkt, haben wir das Kleine Fahrzeug. Beim Großen Fahrzeug ist das anders: Hier muss sich nicht nur die Naht zwischen mir und Buddha auflösen, sondern zugleich auch die Naht zwischen mir und den leidenden Wesen in der Hölle.

„Die Milliarden von Ländern in den zehn Richtungen des Universums." So drücken die Sutren das aus, was zwischen mir selbst und mir selbst liegt.

Buddha muss sich in Beziehung zu allen leidenden Wesen setzen. Wenn einer sein Kind verliert, muss Buddha gemeinsam mit ihm Tränen vergießen. Es ist feige zu behaupten, man halte sich frei vom Gruppenwahn, nur um dem Umgang mit Menschen zu entgehen.

Was ein Krämer aus Gier tut, tut ein Buddhist aus Güte. Deshalb muss er die Regeln der Welt genau kennen.

Du glaubst, Buddhismus unterscheide sich ein wenig vom Rest der Dinge? Aber so ist es nicht: Buddhismus geht von A bis Z. *„Von A bis Z ist alles ein Spross von mir selbst"* – so betrachtet ein Buddhist die Dinge.

Wenn Erwachsene nur erwachsen sind, wachsen die Kinder nicht. Wenn Kinder weinen, musst du weinen. Erwachsene müssen Kinder sein, Kinder müssen erwachsen sein.

Buddhas und Normalbürger, Buddhalehre und die Spielregeln der Welt, Erwachen und Verirren, Hinaufsteigen und Hinuntergehen, Weisheit und Barmherzigkeit – zwischen diesen scheinbaren Gegensätzen muss ein reger Verkehr herrschen.

Niemand verlangt, dass du zum Leckermaul wirst. Oder auf der Leiter ständig nach oben kletterst. Aber wenn du so abgestumpft bist, dass du den Appetit der Menschen auf Leckereien und ihren Ehrgeiz, Karriere zu machen, nicht mehr verstehst, dann ist etwas mit dir nicht in Ordnung.

Satori ist wie das Hacken einer Axt. Da fehlt noch die Feinarbeit mit der Raspel. Es reicht nicht, mit einem Schlag in den Bereich der Nicht-Dualität vorzudringen. Du musst von dort aus wieder zurück, um die Welt der Unterschiede zu kultivieren.

Alter Geist ist gütiger Geist und zugleich elterlicher Geist. Er widerspricht jeder Theorie. Elterlicher Geist ist voller Widersprüche:

„Iss bloß keinen Kugelfisch auf der Reise, sonst kannst du was von mir erleben!"

„Wie kalt das Papierfenster doch ist, wenn kein Kind mehr ein Loch hineinreißt!"[34]

---

[34] Kugelfisch (jap. *Fugu*) gilt als Delikatesse in Japan, sein Verzehr kann aber wegen seines tödlichen Giftes, das vom Koch nicht immer ganz entfernt wird, lebensgefährlich sein. Zerbrechliche Papierfenster findet man in jedem japanischen Haus, und im Winter bläst der kalte Wind durch die Löcher, während die spielenden Kinder die Herzen im Haus wärmen.

32. An dich, der du, so wie du bist, bereits Buddha bist

Ishigawa Goemon sagte: *"Die Ishikawas sterben aus, wie der Sand, der ins Meer gespült wird. Doch niemandem wird es gelingen, die Keime des Räubertums auszurotten!"*[35] Damit besingt er die Räubernatur, die das ganze Universum durchdringt. Trotzdem werden aus uns keine Räuber werden, solange wir nicht so handeln wie Goemon. Das gleiche gilt auch für die Buddhanatur: Alle Dinge im Universum sind von ihr durchdrungen, aber solange wir nicht so handeln wie Buddha, werden wir nicht zu Buddhas.

Nur wenn du, nahtlos mit Buddha verbunden, das Handeln Buddhas tatsächlich in die Praxis umsetzt, bist du ein Buddha. Wenn du dagegen wie ein Idiot handelst, dann bist du auch ein Idiot.

Buddha erscheint in der Lebenseinstellung jedes einzelnen von uns.

„Dieser Geist ist Buddha – also bin ich ein Buddha, weil ich denke, dass ich ein Buddha bin." Habt ihr je so einen Unsinn gehört? Solche Ausreden werden als naturalistische Häresie bezeichnet. Du magst behaupten, dass ein Streichholz Feuer enthält – es wird nicht brennen, solange du nicht weißt, dass du das Streichholz reiben musst. Und auch das reicht nicht: Wenn du es nicht auch tatsächlich reibst, wird es sich nicht entzünden. Es stimmt nicht, dass das Streichholz selbst Feuer ist.
„Wird es nicht ausgeübt, tritt es nicht in Erscheinung. Wird es nicht bezeugt, kann man es nicht empfangen." (Bendôwa) Die Praxis selbst ist Verwirklichung.

Nur wenn du Zazen übst, gibt es keinen Unterschied zwischen Geist, Buddha und allen Wesen.

Buddha-Statuen und Gemälde sind keine Buddhas. Statuen und Gemälde zum Buddha zu erklären ist Götzenverehrung. Das ist verkehrt. Im Buddhismus ist die gestaltlose Haltung jedes einzelnen Dinges Buddha. Meine gestaltlose Haltung, mein Zazen und mein Kesa sind Buddha. Einfach essen, einfach arbeiten, einfach kochen – all das ist Buddha.

---

[35] Diesen Spruch gab der Räuberhauptmann von sich, bevor er mit seiner Familie in einer Wanne mit kochendem Wasser hingerichtet wurde.

Solange ich den Petroleum-Ofen nicht mit einem Streichholz anzünde, wird es nicht warm. Auch wenn wir sagen, dass alle bereits die Buddhanatur haben – „haben" allein hilft nichts. Wir müssen das Feuer der Buddhanatur entflammen. *„Die Natur des Windes ist ewig und überall – kein Ort, den sie nicht durchdringt."* (Genjôkôan) Selbst wenn die Natur des Windes Himmel und Erde durchdringt, solange wir keinen Fächer benutzen, weht kein Wind.

„Ursache und Wirkung liegen zu jeder Zeit vollkommen still und klar vor uns."

Vor langer Zeit fragte jemand den Mönch Gakushin: „Ich fühle mich im Moment nicht danach, Buddhas Namen anzurufen – sollte ich nicht lieber warten, bis ich Lust dazu bekomme?"

Gakushins Antwort war: „Wenn so ein Taugenichts wie du wartete, bis er sich danach fühlt, Buddhas Namen anzurufen, könnte er sein ganzes Leben lang warten. Ob du Lust dazu hast oder nicht – ruf einfach Buddhas Namen an!"

Und er fügte noch ein Gedicht dazu: *„Nur wenn du mit ganzem Herzen die Leine ziehst, klingt tief im Herbstnebel die Schelle des Reisfelds am Berge."*

Buddhaweg ist Praxis.

Sich mit Leib und Seele in die Buddhalehre werfen – das bedeutet, sich beständig der ertraglosen Übung zu widmen. Nach nichts verlangen, vor nichts fliehen – das ist die Praxis, die weder ein Ziel noch ein Ende kennt.

Buddha nennt man einen, der das Handeln Buddhas praktiziert.

„Bewegung ist Zen, Sitzen ist Zen. In Reden und Schweigen, in Arbeit und Ruhe findet der Körper Frieden." Weil es ein Buddha sagt, ist es die Wahrheit. Doch wenn es ein Normalbürger von sich gibt, führt es zu katastrophalen Missverständnissen.

„Irre und Erwachen, gewöhnliche Menschen und Buddhas sind eins." Soll das heißen: „mit deinem Leib, so wie er ist"? Der Leib eines Normalbürgers ist – so wie er ist – nicht mehr als ein Normalbürgerleib. Es ist anders: Der Leib, in dem der Normalbürger sich selbst ganz vergisst, ist – so wie er ist – Buddha.

Wenn du die ganze Welt als Gestalt der Wahrheit verstehst, dann gibt es nichts Verkehrtes in der Welt. Wenn du die Welt als ein Haus im Brand verstehst, dann gibt es nichts als Verkehrtes in der Welt.

Der Buddhaweg ist nur dann der Buddhaweg, wenn du ihn von innen betrachtest.

Den Buddhaweg zu praktizieren bedeutet, in die Reihen der Buddhas aufgenommen zu werden. Es bedeutet, nicht länger deiner karmischen Konditionierung zu folgen.

Wir müssen die Zeit und den Raum der Buddhas gut verstehen. Ein Buddha sieht und hört die Dinge nicht so wie ein Normalbürger. Buddhas Welt passt nicht in den Normalbürger-Rahmen.

Solange du den Normalbürger in dir nicht einmal von einem ganz anderen, neuen Standpunkt aus betrachtest, wirst du nicht verstehen, was wirklich Sache ist.

Selbst wenn du Shakyamuni Buddha in der Realität sehen könntest – das wäre bedeutungslos, wenn du ihn als Normalbürger siehst. *„Nur Buddha und Buddha"* – du musst Buddha mit den Augen eines Buddhas betrachten.

Ein Buddha, den sich die Menschen ausgedacht haben, ist kein Buddha.

Buddha wird „unbegrenzt" genannt, weil er keine feste Gestalt hat. Das hat nichts mit seinem Volumen zu tun.

Ein Buddha ist fröhlich, frei und aufgeweckt. Seine Weisheit lässt sich in keine Begriffe fassen. Doch alle Welt scheint zu glauben, ein Buddha sei ein Unglück verheißender Pessimist.

Samadhi bedeutet die Reinheit und Klarheit der eigenen Natur, das Durchsichtig-werden der nahtlosen Verbundenheit von Normalbürger und Buddha.

Das Undenken kennt weder Normalbürger noch Buddhas. Zazen ist Undenken – in der Praxis.

Das Undenken und der Buddhadharma verschlucken heimlich den unteilbaren Rest deiner Zweifel, der am Ende aller Divisionen übrig bleibt. Ist es nicht klar, dass der Buddhadharma keine zufriedenstellende Antwort ist? Buddhadharma ist un-zufriedenstellend, weil er deine Normalbürger-Ansprüche nicht zufriedenstellt.

Wenn du als Normalbürger den Buddhaweg übst und Zazen praktizierst, ist deine Praxis natürlich nicht wirklich rein. Trotzdem: *„So wie der Reiher, der das Wasser des Tümpels trinkt, ohne es zu trüben, und so wie die Bienen, die dem Duft der Blüten nichts anhaben, deren Pollen sie sammeln"* (Eihei Kôroku), so vervollkommnen sich auch die Verdienste des Zazen, ohne dass du ihm als Normalbürger den geringsten Schaden zufügen könntest.

Manche glauben, es entspräche der Buddhalehre, sich selbst zuerst als Normalbürger zu definieren, um sich dann wie im Moralunterricht weiterzubilden. Weit gefehlt! Der Grundsatz der Buddhalehre lautet, dass wir alle von vornherein Buddhas sind. Wie können wir allerdings behaupten, dass unser Geist, wenn er noch nicht zu Bodhi-Geist erwacht ist, Buddha sei?

33. An dich, dessen Geist keine Ruhe finden will

Die Buddhalehre ist maßlos und unbegrenzt – wie könnte sie in deinen Rahmen passen?

Was du begreifst, ist begrenzt.

Was du greifen kannst, sind Dinge für Normalbürger: Nach Geld greifen, sich an Gesundheit klammern, an Rang und Namen haften, nach Satori streben – alles, wonach du greifst, wird zum Eigentum des Normalbürgers. Ein Buddha lässt alles Eigentum des Normalbürgers los.

Wenn Geistesruhe zu persönlicher Zufriedenheit wird, hat sie nichts mehr mit der Buddhalehre zu tun.

Die Buddhalehre lehrt Grenzenlosigkeit. Was nicht ausgelotet werden kann, musst du ohne Murren akzeptieren.

Wenn du versuchst, den Buddhadharma abzugrenzen, bekommst du geistige Verstopfung. Du kannst den Dharma nicht begreifen, er ist absolut grenzenlos.

Mach kein eingeschnapptes Gesicht! Nimm Zuflucht zu dem, das alle Dinge transzendiert!

„Leichte Übung" bedeutet nicht, dass es leicht ist für dich als Menschen. „Andere Kraft" bezieht sich auf das, was dich als Menschen transzendiert.

„Nur Buddha und Buddha vermögen es völlig auszuschöpfen." (Lotussutra) Nur wenn du von Anfang an selbst ein Buddha bist, kannst du die Buddhalehre akzeptieren.

Du verlierst die Ruhe nur deshalb, weil du nach kompletter Geistesruhe außerhalb deines Geistes suchst. Das ist verkehrt: Du darfst dich für keinen Moment von deinem Geist trennen, so unruhig der auch sein mag. Große Geistesruhe verwirklicht sich nur in der Übung, die du innerhalb deines unruhigen Geistes praktizierst. Große Geistesruhe bezeichnet die Wechselwirkung von ruhigem und unruhigem Geist.

Geistesruhe, die komplett in Ruhe ist, ist eine Fabrikation. Wirkliche Geistesruhe gibt es nur in der Mitte von Geistes-Unruhe.

Wo dein Unbefriedigt-Sein als Unbefriedigt-Sein zu den Akten gelegt wird, da herrscht Geistesruhe. Das ist so wie der Geist eines Tauben, der heimlich lauschend seinen eigenen Fehler erkennt. Der Geist, der nackt um sein Leben flehend in Sekundenschnelle stirbt. Oder der Geist, der den Bettler, der ihm bis gestern am Ärmel hing, plötzlich nicht mehr finden kann. Es ist der Geist nach der Flut, die den Schönheitssalon guten Glaubens hinwegschwemmt.

Es gibt keine Welt, in der alles stimmt. Und dennoch irrst du umher, auf der Suche nach der perfekten Welt. Soviel du auch suchst, du wirst sie nicht finden! Doch es gibt keinen Grund, dich deshalb in den Schlaf zu weinen. Du musst umkehren: Es geht darum, fest verankert in dieser Welt zu sitzen, ohne herumzuirren wie ein Hund auf der Suche nach Knochen.

Zufriedenheit bedeutet aufzuhören, nach ihr zu jagen.

Satori ist kein intellektuelles Begreifen. Es bedeutet, unbewegt zu sein, egal was passiert – im Leben, im Tod. Viele glauben, Geistesruhe sei die Befreiung vom Leiden, nach der es nur noch Freude gibt. Das ist verkehrt: Wie groß dein Leiden auch sein mag, es geht darum, nicht mit Händen und Füßen um dich zu schlagen. Stattdessen solltest du Ruhe bewahren. Nimm zum Beispiel eine Maus in der Falle. Sie zappelt mit Leibeskräften. Trotzdem wird sie der Katze zum Fraß vorgeworfen. Genauso ist auch dein Zappeln mit Händen und Füßen Kraftverschwendung. Sitz lieber ruhig in Zazen.

Wie könnte ein Mensch je über Geistesruhe verfügen? Das eigentliche Problem ist, was du mit dem Menschen, der du bist, anfängst. Was du mit diesem stinkenden Fleischsack anfängst, das ist das Problem.

Die Buddhalehre kennt keine zwei getrennten Wesen – den Normalbürger und den Buddha, so wie zwei Kätzchen auf dem Sofa. Und auch die „Ruhe des Geistes" sitzt nicht da wie ein Klops.

Die Buddhalehre manifestiert sich in der Praxis. Sie wird durch deinen Körper umgesetzt. Das heißt, dass die geeignete Entspannung und Ordnung deiner Muskeln und Sehnen der Punkt sein muss, um den es beim Zazen geht. Praxis bedeutet, sich in einer Lebenseinstellung zu üben, bei der Zazen der Maßstab deines Lebens ist. Wo diese Praxis geübt wird, manifestiert sich Geistesruhe. Deine Lebenseinstellung muss Praxis sein.

Du rufst Buddhas Namen an und willst außerdem noch ins Paradies hinauf – was für ein unnötiger Aufwand! Wenn du Buddhas Namen anrufst, befindest du dich bereits im Paradies. Es ist nicht nötig, dir darüber hinaus Gedanken zu machen. Es ist nicht nötig, Buddhas Namen anzurufen und sich außerdem anzustrengen, ins Paradies zu kommen. Tokuhon schreibt dazu: „*Namu-Amida-Butsu* – allein dies zu sprechen genügt."

Auch für das Anrufen von Buddhas Namen gilt, dass es wesentlich ist, es einfach zu tun – ganz gleich ob du dabei Geistesruhe empfindest oder nicht.

34. An dich, dem es um ein Leben aus Zen geht

Alles muss genau *so* sein, doch es kann so sein, wie es will. Nichts muss auf eine bestimmte Weise sein, doch alles muss auf die höchste und beste Weise so sein, wie es ist.

Sen-no-Rikyû[36] beauftragte einmal einen Handwerker, einen Nagel einzuschlagen. Nach viel hin und her gab er ihm die genaue Stelle an. Der Handwerker machte dort ein kleines Zeichen und gönnte sich darauf erst mal eine Pause. Als er sich schließlich daran machte, den Nagel einzuschlagen, fand er sein Zeichen nicht wieder. Wieder überlegte Sen-no-Rikyû hin und her, und als er endlich wieder „Hier, das ist eine gute Stelle!" ausrief, stellte sich bei genauem Hinsehen heraus, dass es genau dieselbe Stelle war, an der der Handwerker zuvor sein Zeichen gemacht hatte.
    Inmitten reiner Gestaltlosigkeit gibt es eine endgültige Zielrichtung. Genauso gibt es endgültige Gesichtszüge unter den Gesichtszügen der Menschen.

Über mystische Kräfte verfügt der, dessen Gesichtszüge konzentriert sind.

Wir glauben, dass wir ständig von unseren Gefühlen in die Irre getrieben werden, und dass nichts daran geändert werden kann. Wir glauben auch, dass es ein Hin- und Herziehen zwischen der Buddhalehre und unseren verirrten Gefühlen gibt. Doch das ist verkehrt. Die Buddhalehre besagt, dass wir uns kein bisschen von Buddha unterscheiden. Alle Dinge sind Gestalt der Wahrheit. Alles, worum es beim Buddhadharma geht, ist das Einmaleins unserer Praxis.

Praxis bedeutet, mit Leib und Seele der Frage auf den Grund zu gehen: „Was kann ich in diesem Moment für den Buddhaweg tun?"

---

[36] Sen-no-Rikyû ist der Begründer der japanischen Teezeremonie. Sie wird noch heute in der Ura-Senke und Omote-Senke (wörtlich: „Die hintere und vordere Seite des Hauses Sen") praktiziert.

Es geht darum, sich nach oben und unten, links und rechts umzusehen, ohne das exakte Augenmerk für den gegenwärtigen Ort und Augenblick zu verlieren.

Der Ausdruck *„Wesen des Wirkens und Wirken des Wesens von Buddhas und Patriarchen" (Zazenshin)* bezieht sich auf den empfindlichen Punkt deiner eigenen Praxis.

Gut und Böse gibt es nur in diesem Augenblick. In diesem einen Augenblick gibt es das ewig Gute und das ewig Böse.

Alles, was wir tun, erschöpft die letzten Winkel des Universums. Dieser Augenblick ist ewig – und das ist alles, wofür wir uns mit Leib und Seele hingeben.

„Was muss mit was begegnet werden?" Du musst alles daransetzen, diese Frage zu klären.

Auch das Geben muss eine Zielrichtung haben. Du darfst einem Räuber nicht die Hausschlüssel und eine Pistole dazu geben. Beim Geben muss sowohl Mut als auch Weisheit im Spiel sein.

Sich in die Vergänglichkeit aller Dinge zu vertiefen bedeutet, sich in jeden einzelnen Augenblick zu vertiefen, ohne am Ziel vorbeizuschießen. „Wie verhält es sich in diesem ganz speziellen Fall?" Sich jedem einzelnen Fall des gesamten Lebens auf diese Weise fragend hinzugeben bedeutet, sich in die Vergänglichkeit der Dinge zu vertiefen. Vergänglichkeit bedeutet nicht bloß, dass wir Menschen alle irgendwann einmal sterben.

Unsere Gestalt als Menschen verändert sich von Augenblick zu Augenblick, genauso wie eine brennende Flamme. Es scheint nur so, als ob unser Körper eine mehr oder weniger konstante Gestalt bewahrt.

Sämtliche Dinge sind inmitten der ursprünglichen Nichtexistenz aller Dinge enthalten.

Nirvana bedeutet: „Ungeboren-ungestorben".

Die grundsätzliche Geisteshaltung in der Buddhalehre ist: „Kein Individuum!"

„Nicht-Ich" ist nicht dasselbe wie Zerstreutheit. In der Bodhisattva-Übung des Großen Fahrzeugs geht es darum, nie unaufmerksam zu sein. Im Kleinen Fahrzeug sind Idioten gefragt, doch im Großen Fahrzeug werden die Idioten erst mal auf Vordermann gebracht.

Eine Photographie, die nur „irgendwie" abbildet, taugt nichts.

Die Praxis des Buddhaweges besteht darin, deine Haltung im Leben auszubilden.

Galoppier nicht wie ein Hengst. Geh lieber wie ein Ochse!

Das Problem, um das es im Zen geht, ist deine Lebenseinstellung.

Auch für eine Teetasse stellt es einen großen Unterschied dar, ob du sie hinwirfst, oder ob du sie bis zum Schluss fest in der Hand hältst, wenn du sie absetzt.

Es muss deine Grundeinstellung in allen Handlungen sein, sie bis zum Schluss ganz durchzuführen. Wenn du auch nur für einen Augenblick abwesend bist, bist du wie ein Toter.

Worauf es ankommt ist, deine Muskeln und Sehnen richtig entspannt anzuordnen. Es geht darum, ein Mensch ohne Lücken zu werden – das heißt, die geeignete Spannung und Ordnung der Muskeln und Sehnen zu finden.

„Was für ein Bild mache ich in den Augen der Menschheit?" Auch in diese Frage müssen wir uns mit Leib und Seele vertiefen. „Wie erscheine ich in den Augen eines Reichen?" „Wie in den Augen eines Armen?" „Wie sieht mich ein Abendländer?" „Und wie sieht mich ein Marxist?" „Was bin ich in den Augen des Premierministers?" Du musst etwas in dir tragen, dem der Lack nicht abfällt, aus welcher Richtung auch immer du es betrachtest.

Pass auf, sonst wirst du als Buddhist überflüssig.

Worum geht es in der Buddhalehre? Darum, dass dein gesamtes tägliches Leben von Buddha her gezogen wird.

Nur mit dem ewigen Weg werden wir uns einverstanden erklären. Der ewige Weg: Das bedeutet, in jedem einzelnen Augenblick in der ertraglosen Praxis aufzugehen.

Es reicht nicht, nur einmal ins Schwarze zu treffen. Die „vollen Punkte" vom letzten Jahr sind heute nichts mehr wert. Genau jetzt musst du ins Schwarze treffen: „Verschwende keine Gedanken an früher oder später, sei frei in der Mitte dieses Augenblicks!"

Einfach deinen Reisbrei essen. Bei diesem „einfach tun" gibt es weder hochgestellt noch niedrig, weder schlau noch dumm. Auch keine Irre und kein Satori. Dieses „einfach tun" ist die Essenz des Buddhaweges, und genau dieses „einfach tun" ist es, was die ganze Welt nicht verstehen will.
Alles leidet an falsch übergestülpten Lebensansichten. Wenn es um die Erlösung der Menschheit geht, ist es erst einmal notwendig, diese Lebensansichten von Grund auf neu zu durchdenken. Dies muss auf einer Basis geschehen, die absolut keine Zweifel zulässt. Das Leben auf einer Basis zu betrachten, die absolut keine Zweifel zulässt, bedeutet, es mit der Weisheit Buddhas zu betrachten.

Buddhaweg ist das Transparentwerden dessen, was von Anfang an klar war. Mit einem anderen Wort: Undenken.

An dich, unzufrieden mit deinem Zazen

von Uchiyama Kôshô

Die Praxis einfachen Sitzens *(Shikantaza),* von der Dôgen Zenji spricht, ist das, was mein Lehrer Sawaki Kôdô Rôshi als das „Zazen des Nur-Sitzens" lehrte. Deshalb stellt es auch für mich eine selbstverständliche Tatsache dar, dass korrektes Zazen aus der Praxis von Nur-Sitzen besteht. Das heißt, dass der Sinn von Zazen nicht darin liegt, Kenshô zu erleben oder sich durch einen Berg von Kôans durchzuarbeiten, um eine „Urkunde der Erleuchtung" *(Inka Shômei)* zu erhalten. Zazen besteht aus nichts als einfach nur Sitzen.

Es ist allerdings eine Tatsache, dass es selbst unter den Anhängern der Sôtô-Schule in Japan, die sich auf Dôgen Zenji beruft, nicht wenige Praktizierende gibt, die Zweifel an diesem Zazen hegen. Diese Praktizierenden zitieren beispielsweise Schriftstellen wie die folgenden:

„In der Halle: ‚Ich habe nicht viele Klöster besucht. Ich habe mich bloß unter meinem Meister Tendô in aller Ruhe vergewissert, dass die Augen waagrecht liegen und die Nase senkrecht steht. Nun kann mich keiner mehr an der Leine herumführen. Mit leeren Händen kehrte ich (in die Heimat) zurück.'" (Eihei Kôroku, 1. Kapitel)

„Ich reiste ins China der Sung-Dynastie, besuchte Meister in allen Teilen des Landes und studierte die fünf Häuser des Zen. Schließlich traf ich meinen Meister Nyojô auf dem Taihaku-Gipfel, und dort klärte sich die große Sache lebenslanger Übung." (Shôbôgenzô Bendôwa)

Im Anschluss an solche Zitate sagen diese Leute dann: „Spricht nicht Dôgen Zenji selbst davon, dass er sich vergewissert hat, dass die Augen waagrecht liegen und die Nase senkrecht steht, und dass er die große Sache lebenslanger Übung geklärt hat? Was für einen Sinn könnte es da haben, wenn ein Normalbürger ohne eine Spur von Satori ‚einfach nur sitzt'?"

Nur zu gut kann ich mich daran erinnern, selbst einmal solche Zweifel mit mir herumgetragen zu haben, und nicht nur ich allein hatte diese Zweifel: Nicht wenige von den Zen-Praktizierenden, die sich um Sawaki Rôshi scharten, gaben das Zazen des „Nur-Sitzens" auf, um Kenshô-Zen oder Kôan-Zen auszuprobieren. Deshalb verstehe ich diese Zweifel gut.

Ich kann Ihnen versichern, dass Sawaki Rôshi ein Zenmeister mit großem Charisma war. Deshalb wurden viele, die Sawaki Rôshi zum ersten Mal trafen, von ihm angezogen wie Eisenstaub von einem Magneten. Selbst wenn er sagte, dass „Zazen überhaupt nichts bringt" (dies war sein Ausdruck für das Zazen, bei dem es nichts zu gewinnen und nichts zu erkennen gibt), dann glaubten sie trotzdem, dass er das nur so dahinsage, und dass ihnen die Zazen-Praxis doch einmal „irgendetwas" einbringen werde. Ich glaube, das galt für viele, die unter Sawaki Rôshi praktizierten.

Wer außerhalb des Tempels wohnte und bloß regelmäßig zum Zazen kam oder ab und zu an einem Sesshin teilnahm, wird diese Zweifel vielleicht nicht gehabt haben. Doch diejenigen, die sich dazu entschlossen hatten, ihr bisheriges Leben ganz aufzugeben, um Mönch zu werden und als Teil unserer Mönchsgemeinschaft um Sawaki Rôshi mit dem täglichen, intensiven Zazen-Leben zu beginnen, die fingen früher oder später an, ihre Zweifel an *Shikantaza* zu haben. Und zwar deshalb, weil man nie völlig zufrieden mit seinem Zazen ist, so viel man auch sitzt. „Nicht völlig zufrieden sein" bedeutet, dass einem das Gefühl des vollen Magens wie nach einer reichlichen Mahlzeit fehlt. Wenn ich sage, dass wir mit Zazen nicht zufrieden sind, meine ich, dass uns das Gefühl fehlt, Satori im Magen zu haben.

Viele der jungen Menschen, die sich mit Leib und Seele der Zazen-Praxis widmeten, begannen sich zu fragen, ob sie nicht ihre Jugend mit diesem Zazen verschwendeten, das ihnen nicht das geringste Völlegefühl verlieh. Und sobald dieser Zweifel zum Vorschein kommt, heißt es dann: „Sind nicht selbst die älteren Schüler, die mit der Übung dieses Zazen schon seit Jahren fortfahren, im Grunde alle nur Normalbürger? Wir brauchen doch Satori!"

Zu viele haben auf diese Weise die Praxis aufgegeben. Mich selbst brachten diese Zweifel fast zum Platzen, dennoch fuhr ich mit der Zazen-Praxis fort und folgte ich Sawaki Rôshi bis zu seinem Tod, fünfundzwanzig Jahre lang. Ich verstehe also diese Zweifel, doch ich habe auch die Bedeutung des *Shikantaza,* von dem Dôgen Zenji und Sawaki Rôshi sprechen, endlich verstanden. Deshalb möchte ich hier versuchen, so etwas wie eine Übersetzer-Rolle zwischen den beiden Standpunkten zu spielen. Wenn ich „Übersetzer" sage, so bedeutet das nicht nur, dass viele Zen-Praktizierende die Worte Dôgen Zenjis oder Sawaki Rôshis nicht verstehen. Umgekehrt verstehen Dôgen Zenji und Sawaki

Rôshi zwar unsere tiefen Zweifel, aber ihre Worte reichen manchmal nicht weit genug, um die Wurzel unserer Probleme wirklich zu berühren. Deshalb erlaube ich mir, hier den Versuch zu unternehmen, Dôgen Zenjis und Sawaki Rôshis Worte auf meine eigene Weise auszulegen und zu kommentieren.

Was heißt das konkret? Nehmen wir als Beispiel den Satz: *„Ich vergewisserte mich, dass die Augen waagrecht liegen und die Nase senkrecht steht. Keiner konnte mich mehr an der Leine herumführen. So kehrte ich mit leeren Händen zurück."*

Warum lesen wir es nicht so: „Ich vergewisere mich, dass ich lebe, indem ich diesen Atemzug in diesem Moment tue."

Der Grund, weshalb ich eine solche Interpretation vornehmen kann, liegt darin, dass ich das *Shôbôgenzô* nicht als ein Buddhologe lese, dem es nur darum geht, Ordnung in den Komplex der Schriftzeichen zu bringen. Ich gehöre auch nicht zu den Sektierern, denen jedes einzelne Schriftzeichen so heilig ist, dass sie das *Shôbôgenzô* – wie eine Konservendose, die nicht geöffnet werden darf – tief im Schrank verstecken und sich davor in den Staub werfen. Ich lese es dagegen mit den Augen eines Wegsuchers, dem es darum geht, einen ganz neuen Weg zu finden, mein in jedem Augenblick vollkommen frisches, eigenes Leben zu leben. Und ich glaube, dass es genau das ist, was mit Worten wie *„mit der alten Lehre auf den eigenen Geist reflektieren"* oder *„dem Buddhaweg folgen heißt, sich selbst zu folgen"* gemeint ist.

Wenn wir das Zitat über die waagrechten Augen und die senkrechte Nase als Ausdruck unseres vollkommen neuen, eigenen Lebens lesen, dann dürfen wir nicht in einer flachen und statischen Interpretation steckenbleiben, sondern müssen diese Stelle dynamisch als das frische Leben interpretieren, das daraus besteht, diesen Atemzug in diesem Augenblick zu tun. Und wenn wir dieser Lesart folgen, dann begegnen wir hier der selbstverständlichsten Tatsache unseres eigenen Lebens, und nicht etwa einem Mysterium wie dem, durch Zazen zu „Satori" zu gelangen.

Deshalb heißt es ja auch am Anfang des *Fukanzazengi*: *„Der Weg ist allgegenwärtig und abgeschlossen. Wozu noch praktizieren und bezeugen? Die Wahrheit offenbart sich überall von selbst, wozu sich abmühen, um sie zu ergreifen?"*

Und was bedeuten die folgenden Strophen? *„Ein Haarbreit von Differenz spaltet den Himmel von der Erde. Gehst du gegen die Strömung, so verlierst du deinen Geist."*

Jeder von uns lebt ein Leben, das in jedem einzelnen Augenblick frisch und neu ist. Doch wenn wir über diese grundlegende Tatsache im Kopf nachdenken, bleiben wir bei dem stehen, was wir „begreifen" (das heißt, zu Begriffen umformen): Die „Lebensfrische", über die wir nachdenken, ist nicht mehr frisch, das heißt: Sie lebt nicht. Echte Lebensfrische bedeutet Loslassen. Nur wenn wir es loslassen, ist das Leben frisch. Zazen ist die Haltung des Loslassens des Loslassens des Loslassens ...

Hier muss ich jetzt ein Wort über die tatsächliche Praxis von *Shikantaza* sagen: Wenn wir Zazen praktizieren, bedeutet das nicht, dass wir keine Gedanken hätten. Alle möglichen Gedanken tauchen an der Oberfläche unseres Bewusstseins auf. Doch wenn wir diesen Gedanken nachfolgen, dann fangen wir an, nachzudenken, selbst wenn wir in der Zazenhaltung sitzen. Dann müssen wir uns besinnen, dass wir gerade Zazen üben und keine Zeit zum Nachdenken haben. So korrigieren wir unsere Haltung, lassen die Gedanken los und kehren zum Zazen zurück. Dies wird „Aufwachen aus der Zerstreutheit" genannt.

Ein anderes Mal sind wir müde: Dann müssen wir uns besinnen, dass wir gerade dabei sind, Zazen zu praktizieren, und keine Schlafenszeit ist. Wir müssen die Haltung korrigieren, aufwachen und zurückkehren zum Zazen. Dies wird „Aufwachen aus der Trübnis" genannt. Zazen bedeutet, sowohl aus der Zerstreutheit als auch aus der Trübnis hundert, tausend, zehntausend mal aufzuwachen und zum Zazen zurückzukehren. Lebensfrisches Zazen zu leben bedeutet, Milliarden Male den Geist zu erwecken und übend zu bezeugen. Dasselbe gilt für *Shikantaza*.

Es heißt, Dôgen Zenji sei durch das Abfallen von Körper und Geist *(Shinjin-datsuraku)* zu „Satori" gelangt, doch was bedeutet das genau? Im *Hôkyôki* heißt es: *„Der Abt sagte: ‚Die Praxis des Zazen besteht aus dem Abfallen von Körper und Geist. Das bedeutet, einfach zu sitzen – ohne Weihrauch zu verbrennen, sich zu Boden zu werfen, den Namen Buddhas anzurufen, zu beichten oder die Sutren zu lesen.' Ich verbeugte mich und fragte: ‚Was bedeutet das Abfallen von Körper und Geist?' Der Abt antwortete: ‚Das Abfallen von Körper und Geist bedeutet Zazen. Wenn du bloß Zazen praktizierst, hast du keine Begierden, du bist gelöst von der Illusion.'"*

Das Loslassen und Loslassen und milliardenfache Zurückkehren zu Zazen selbst sind also das Abfallen von Körper und Geist, nicht irgendeine mysteriöse Erfahrung. Von dieser Art von Zazen sagt das *Bendôwa*, dass sich in ihm die Gesamtheit des Buddhadharmas manifestiert, und nennt es deshalb den „Haupteingang des Buddhadharma".

Ich möchte das Leben hier einmal mit einem Automobil vergleichen, in dem wir unser ganzes Leben über sitzen. Wenn wir mit dem Auto fahren, ist es gefährlich, am Steuer zu schlafen oder betrunken zu sein. Außerdem ist es riskant, während der Fahrt über andere Dinge nachzudenken oder nervös und verspannt am Steuer zu sitzen. Das gilt sowohl für das wirkliche Autofahren als auch für das Steuern des eigenen Lebens. Die Grundlage des Lebens muss darin bestehen, sowohl aus der Trübnis von Schläfrigkeit und Trunkenheit als auch aus der Zerstreutheit des Nachdenkens und der Nervosität frisch aufzuwachen. Zazen bedeutet, diese Grundlage des Lebens tatsächlich in die Praxis umzusetzen, deshalb kann es die „Gesamtschau des Buddhadharma" beziehungsweise „der Haupteingang des Buddhadharma" genannt werden. Das ist auch der Grund, weshalb Dôgen Zenji eine „Empfehlung des Zazen für alle und jeden" *(Fukanzazengi)* verfasst hat, in der er die Praxis des Zazen erklärt.

„Der Buddhaweg verfügt über Gräser und Bäume, Steine und Ziegel, Wind und Regen, Feuer und Wasser als seinen Leib und seine Seele. Sich darin umzublicken und sie als den Buddhaweg zu erkennen bedeutet, den Geist zu erwecken. Ergreife die Leere und bilde daraus Pagoden und Buddhas. Schöpfe das Wasser des Tales und erschaffe daraus Buddhas und Pagoden. Das bedeutet es, die unübertreffliche, unvergleichliche Weisheit zu erwecken und den einmal erweckten Geist der Weisheit Milliarden Male neu zu erwecken. Auf diese Weise musst du übend erweisen." (Shôbôgenzô Hotsumujôshin)

Dieses „den einmal erweckten Geist der Weisheit Milliarden Male neu erwecken" so zu interpretieren, als würden hier die noch nicht erleuchteten Zen-Praktizierenden aufgefordert, mit ihrer Übung nicht nachzulassen, ist ein großer Fehler. Das milliardenfache Erwecken des erwachten Geistes bedeutet nichts anderes als das lebensfrische Atmen des stets neuen Lebens. Diejenigen, die mit der Praxis des *Shikantaza* anfangen, bloß um bald wieder damit aufzuhören, weil es ihnen kein „Völlegefühl" verleiht und daher langweilig wird – diese Personen verstehen das milliardenfache Erwecken des erwachten Geistes nur intellektuell, im Kopf. Deshalb denken sie: „Wie unerhört! Solange ich noch kein Satori habe, muss ich den Geist Milliarden Male erwecken. Da muss ich mich aber beeilen, erst einmal zu richtigem Satori zu kommen, um die Milliarden Male mit einem einzigen Mal abzufertigen!"

Das ist so, als würde uns als Säuglingen gesagt, dass wir von nun an unser ganzes Leben lang pausenlos atmen müssten, und das Milliarden von Male. Wir würden nicht denken: „Wie umständlich! Ich muss einen Weg finden, den Atem meines ganzen Lebens mit einem einzigen großen Atemzug zu erledigen."

Selbst wenn wir das versuchten, es würde uns kaum gelingen. Deshalb heißt es im *Hotsumujôshin*-Kapitel weiter: „*Wenn gesagt wird, dass der Geist mit einem Mal erwacht und es danach kein Erwachen des Geistes gibt, und dass die Übung zwar endlos sei, doch der Erweis nur einmalig, dann entspricht das nicht dem Buddhadharma. Wer so etwas sagt, versteht den Buddhadharma nicht, er ist dem Buddhadharma nie begegnet.*" Wer versucht, sich mit einem einzigen Mal des „Satoris" zu bemächtigen, der kann nicht akzeptieren, dass wir unser Leben genau so frisch und lebendig leben müssen, wie es ist.

Selbst im rein biologischen Sinn können wir nur leben, indem wir unser ganzes Leben über den gegenwärtigen Atemzug im gegenwärtigen Augenblick tun. Wenn es deshalb um das Leben wirklicher Lebensfrische geht, ist es selbstverständlich nicht genug, über das eigene Leben nur im Kopf nachzudenken, sondern wir müssen es genauso frisch und lebendig akzeptieren, wie das Leben nun einmal ist. Nur so werden wir unsere eigene Lebenshaltung finden, die selbst frisch und lebendig ist. Das meint Dôgen Zenji, wenn er sagt, dass „die große Sache lebenslangen Übens sich klärt". Wenn das geschieht, können wir endlich mit der wirklichen Praxis von *Shikantaza* beginnen. Dies nennt Dôgen Zenji die „Einheit von Übung und Erweis" oder „Übung auf der Grundlage des Erweises". Deshalb sagte Sawaki Rôshi auch: „Satori hat keinen Anfang, Praxis hat kein Ende!"